SYLVIA & ALFRED SOBEL

PUBERTÄT
FÜR ANFÄNGER

Ein
außergewöhnlicher
Elternratgeber
für außergewöhnliche
Umstände

VORWORT

HUMOR HILFT, WENN ES ERNST WIRD

Vielleicht haben Sie beim ersten Durchblättern dieses Buches einige Zeilen gelesen und mussten dabei schmunzeln oder sogar lachen. Sie fragen sich möglicherweise, was bezweckt werden soll, indem an das Thema Pubertät humorvoll und provokant herangegangen wird. Wir haben drei Kinder in der Pubertät – und uns selbst ist dabei nicht immer zum Lachen zumute. Wenn Sie wieder einmal das Gefühl haben, gleich zu explodieren, atmen Sie erst einmal ruhig durch! In Pubertistensprache: »Chillen« Sie! Ziehen Sie sich zurück und nehmen Sie dieses Buch zur Hand – bald wird es Ihnen wieder besser gehen.

In den Medien wird Pubertät gern als permanente Katastrophe dargestellt, der Eltern schutzlos ausgeliefert sind. Eltern fühlen sich oft als Opfer pubertärer Willkür und reagieren darauf häufig gelähmt und verzweifelt. Humor hat eine entschärfende Wirkung in verfahrenen Situationen. Er ermöglicht neue Perspektiven und die Freiheit, das eigene Verhalten zu verändern.

Über das eigene Verhalten zu lachen ist oft nicht leicht für Eltern, die ihr Bestes geben und doch gelegentlich nicht weiterwissen. Wenn wir in diesem Buch Situationen humorvoll beschreiben und dabei manchmal übertreiben, dann nicht allein, um Sie zum Lachen zu bringen. Wir wollen Ihnen auch Anstöße geben, Ihren Teenager mit humorvollen Reaktionen zu überraschen. Psychologen haben daraus eine »provokative Therapie« mit spielerischen Elementen entwickelt. Die Grundidee ist, dass das Gegenüber selbst über sein Verhalten lachen kann und damit größere innere Freiheit gewinnt.

Bei einem unserer Kinder fühlten wir uns einmal mit unserem Latein am Ende. Den 15-Jährigen hatte die Pubertät voll im Griff. Als er in einem Wutanfall die Küchentür beschädigte, waren wir ratlos und verzweifelt. Da kam uns eine Idee. Wir schnappten unseren Sohn und sagten: »Siehst du da deine Zimmertür? Du hast recht: Wozu brauchen wir Türen? Lass sie uns zertrümmern! Dann kann man immer sehen, was du dort drinnen machst. Wir helfen dir gerne. Danach zerstören wir auch die Toilettentür, dann wissen wir sofort, wenn das Klo besetzt ist. Sicher finden wir noch weitere überflüssige Türen.« Unser Sohn war zuerst sprachlos, bis er in lautes Lachen ausbrach und wir miteinander sprechen konnten. Indem wir seine Verhaltensweise überzeichneten, konnten wir gemeinsam darüber lachen, und unser Anliegen wurde wahrgenommen.

Manchmal hilft nur der augenzwinkernde Blick auf das seltsame Benehmen von Eltern und Teenies im Pubertätsstress. Dazu möchten wir Sie ermutigen, denn so gewinnt man Abstand und Gelassenheit, befreit sich aus Zwängen und wird wieder handlungsfähig.

Entdecken Sie Ihr Kind neu – und sich selbst als »Pubertistenflüsterer«! Hier finden Sie humorvolle Hilfestellung und die erleichternde Erkenntnis, dass viele Familien vor ähnlichen Problemen stehen. Wir versichern Ihnen: Um gute Pubertätseltern zu sein, werden keine Nervenzusammenbrüche von Ihnen erwartet. Aus haftungsrechtlichen Gründen sei noch hinzugefügt: Viele Anregungen wurden an Pubertisten ausprobiert, aber nicht alle führten zum gewünschten Erfolg.

In das Buch eingebettet sind besonders gekennzeichnete »Impulse«, die kurze pädagogische Hinweise enthalten. Suchen Sie sich aus den Anregungen und Tipps das heraus, was zu Ihrer aktuellen Situation passt. Wir wünschen Ihnen eine erlebnisreiche Pubertätszeit!

Ihre

Sylvia Sobel   *Alfred Sobel*

INHALT

Humor hilft, wenn es ernst wird 2

ELTERN- UND PUBERTISTENKUNDE 8

Der Elterntest 9
Haben Sie die Befähigung zum Pubertistenflüsterer? 10
Impulse: Denken Sie zurück 12

Welcher Elterntyp soll's denn sein? 13
Die gut vorbereiteten Eltern 14
Die Spaßeltern 15
Die erlebnishungrigen Eltern 16
Die pubertätsfürchtigen Eltern 17
Die Buddha-Eltern 18
Die perfekten Eltern 20
Impulse: Den Überblick behalten 21

Der Pubertistentest 22
Ermitteln Sie die Pubertätsstärke 24
Impulse: Gehirn im Umbau 26

Eltern haften für ihre Kinder: Pubertistentypen 27
Der gute Pubertist 27
Der Pubertätsverweigerer 29
Der Pubertätslangweiler 31
Impulse: Halt geben, Grenzen setzen 33

EIN FREMDER IN UNSEREM HAUS 34

Kommunikation: Kein Anschluss unter dieser Nummer 35
»Mama, nun chill mal!« 36
Kleiner Sprachführer Pubertistisch – Deutsch 40
Impulse: In Kontakt bleiben 44

Gesprächskultur: Talkshow im Wohnzimmer 45
Hohe moralische Standards 46
Impulse: Ein lebendiger Austausch 49

Elternfreie Zone: Pubertistenzimmer	50
Entwickeln Sie Stilempfinden	50
Sprechen Sie Ihr Bedürfnis nach Unordnung an	52
Checkliste: Standard-Meckersprüche (Zimmer)	53
Impulse: Kampf dem Chaos	54
Turbulenzen und große Emotionen	55
Theaterworkshop im Flur	55
»Könnt ihr nicht lesen?«	56
Ganz großes Gefühlskino	58
Impulse: Gefühle angemessen ausdrücken	60
Körperhygiene für Anfänger	62
Badezimmer: Boykott und Blockade	63
Checkliste: Badezimmer-Grundausstattung	63
Impulse: Körperpflege ohne Stress	65
Coole Klamotten: Kleider machen Leute	66
Checkliste: Standard-Meckersprüche (Mode)	66
Ihre Beratung ist gefragt!	67
Checkliste: Klamotten für Jungen	67
Mädchen: ganz pflegeleicht	68
Impulse: Modeberatung für eine anspruchsvolle Klientel	70
Gut aussehen	71
Seien Sie ein gutes Vorbild!	71
Impulse: Ein positives Selbstbild	74
Burger, Pommes, Pizza: Essen in der Pubertät	75
»Schon wieder der Fraß?«	75
Gemeinsame Mahlzeiten: für Pubertisten eine Qual	76
Checkliste: Grundausstattung Lebensmittel	79
Impulse: Essen: Nahrungsaufnahme und Kommunikation	80

PUBERTISTEN AUF DER PISTE ... 82

Teenagers erste Liebe: das Handy	83
Der heiße Draht zur Außenwelt	85
Impulse: Luxusartikel oder Gebrauchsgegenstand?	87

INHALT

Yes, we can! Liebe und Sexualität 88
»Wie heißt er denn?« 89
Impulse: Gesprächsbereit sein 93
Teenagers zweite Familie: die Clique 94
Eine passende Gruppe auswählen 94
»Kennstdunicht« 96
Impulse: Soziale Bindungen 97
Girlies im Doppelpack: beste Freundinnen 98
Ein Meilenstein der Pubertätsgeschichte 98
Checkliste: Die beste Freundin 99
Impulse: Eine besondere Beziehung 101
»Boah ey, das geht ja voll ab hier«: Partys 102
»Ich geh dann mal« 103
Feiern in der Homezone 105
Checkliste: Der Tag nach der Party 109
Impulse: Partyregeln 110
Ohne Kick läuft nix: Drogen 111
»Hauch mich mal an« 111
Impulse: Den Anfängen wehren 114
Teenager und das liebe Geld 116
Berechtigte Forderungen 117
Impulse: Taschengeld: Hauptsache regelmäßig 120
»Ihr seid so peinlich!« 121
Fremdschämen will gelernt sein 122
Checkliste: Peinliches Verhalten im Alltag 123
Impulse: Ein wichtiger Ablösungsprozess 125

ERZIEHUNG: WAS GEHT NOCH? 126

Eltern sind an allem schuld 127
Freuen Sie sich über Schuldvorwürfe 128
Checkliste: Die wichtigsten Anklagepunkte 129
Impulse: Selbstständiges Problemlösen fördern 131
Themen für den Familientisch............................. 132

»Kennt ihr eigentlich Goethe?« 133
Impulse: Schweigen ist Silber, Reden ist Gold 136
Erziehung – auch eine Stilfrage 137
Wie Sie den richtigen Ton treffen 138
Impulse: Welchen Erziehungsstil bevorzugen Sie? 139
Ein Lob der konsequenten Konsequenz 140
Machen Sie den Anfang! 142
Checkliste: Stilvoll strafen 143
»Wir müssen reden!« 145
Impulse: Konsequenzen statt Strafen 148
Was Eltern von Dompteuren lernen können 149
Die Grundlagen der Dressur 150
Checkliste: Hilfreiche Kurzbefehle 151
Impulse: Für Klarheit sorgen 152
Machtkämpfe: Muss das wirklich sein? 154
Endlich Ruhe! 155
»Bist du jetzt fertig?« 156
Wie man Pubertisten liebevoll loswird 161
Impulse: Kein ständiger Machtkampf! 164
Das Internet: Licht und Schatten 165
Nichts für labile Eltern: Computer 166
Impulse: Regeln und Grenzen für Internet und Computer 168
Das Fernsehen erzieht mit 170
Neue Ideen fürs Familienleben 171
Impulse: Zeitfresser in Schach halten 173
Wenn nichts mehr hilft: Neues ausprobieren 174
Trost und Rat vom Experten 175
Impulse: Elterliche Intuition 177
Pubertät: Wie lange noch? 178
Das kann dauern 179
»Jemand zu Hause?« 182
Impulse: Eine Phase des Wandels 185

Bücher und Adressen, die weiterhelfen 186
Register 189
Impressum 192

Eltern- und Pubertistenkunde

DER ELTERNTEST

Bezogen auf die Lebenszeit eines Menschen ist die Dauer der Pubertät zeitlich eng begrenzt, erstreckt sie sich doch nur über drei bis zehn Jahre. Allerdings unterscheidet sie sich wesentlich von den Phasen davor und danach. Grundsätzlich gilt: An der Pubertät sollten immer zwei Parteien beteiligt sein – der Pubertist und seine Eltern. Eine Pubertätszeit ohne Eltern wäre langweilig und kommt selten vor. Ohne Teenager hingegen kann es durchaus Pubertät geben. Sie heißt dann »Wechseljahre« und ähnelt oft dem Verhalten von Heranwachsenden. Das ist jedoch ein anderes Thema.

Bevor Sie Ihrer Tochter Anna oder Ihrem Sohn Lukas erlauben, an der Pubertät teilzunehmen, sollten Sie herausfinden, ob Sie überhaupt die Befähigung und die Eignung zum Leben mit einem Teenager besitzen. Haben Sie annähernd eine Vorstellung davon, was Sie erwartet? Sind Sie eigentlich auf das Leben mit einem Pubertisten vorbereitet? Nach der Auswertung des folgenden Tests können Sie über eine mögliche Erziehung des wundersamen Wesens Pubertist nachdenken und die Karriere eines Pubertistenflüsterers anstreben.

Bedenken Sie: Teenagereltern haben in unserer Gesellschaft zwar ein hohes Sozialprestige, werden aber selten beneidet. Im Gegenteil! Da alle Rückgabe- und Garantiefristen für Ihr Kind abgelaufen sind, bleibt Ihnen bei negativem Ausgang des Tests als letzter Ausweg aber immerhin noch die Freigabe zur Spätadoption.

> »Pubertät ist, wenn die Eltern schwierig werden.«
>
> Marianne Arlt | deutsche Publizistin, *1943

ELTERN- UND PUBERTISTENKUNDE

HABEN SIE DIE BEFÄHIGUNG ZUM PUBERTISTENFLÜSTERER?

Lesen Sie den Elterntest aufmerksam durch und kreuzen Sie alle Aussagen an, denen Sie zustimmen können. Überlegen Sie nicht zu lange, sondern vertrauen Sie Ihrer Intuition. Seien Sie ehrlich bei Ihren Antworten, umso aufschlussreicher sind die Ergebnisse.

- [ ] Sie wünschen sich Harmonie und Einigkeit in der Familie.
- [ ] Alles soll so bleiben, wie es ist.
- [ ] Sie gehen langen Diskussionen gerne aus dem Weg.
- [ ] Sie erwarten eine problemlose Schulkarriere Ihres Sprösslings.
- [ ] Für Sie sind Regeln dazu da, eingehalten zu werden.
- [ ] Ordnung und Sauberkeit sind Ihnen sehr wichtig.
- [ ] Sie erwarten von jedem Familienmitglied Mithilfe im Haushalt.
- [ ] Ihre Kosmetik und Kleidung sind Ihnen heilig.
- [ ] Unordentliches Erscheinungsbild und extravagantes Auftreten bei Jugendlichen (Punk, Irokesenschnitt, Piercing) ficht Sie an.
- [ ] Die Berufsziele »Pizzaausfahrer« oder »Germany's next Topmodel« finden Sie nicht unterstützenswert.
- [ ] Sie lassen sich nicht gerne kritisieren.
- [ ] Sie erwarten Rücksichtnahme und einfühlsames Verhalten von allen Familienangehörigen.
- [ ] Sie legen auf eine ungestörte Nachtruhe großen Wert.
- [ ] Sie vermeiden gerne Konflikte.
- [ ] Gute, entspannte Stimmung bedeutet Ihnen viel.
- [ ] Sie lieben gemeinsame Aktivitäten mit der ganzen Familie.
- [ ] Sie sehnen sich nach Anerkennung und Wertschätzung.

Auswertung des Elterntests

Zählen Sie nun die Anzahl Ihrer Kreuzchen zusammen und vergleichen Sie Ihre Punktzahl mit den Profilen in der Auswertung. Daraus ergibt sich Ihr aktuelles Pubertistenflüsterer-Profil.

14 bis 17 Punkte: Problematisches Profil.
Sie haben alles oder fast alles angekreuzt. Pubertät ist aber weder ein Wellnessurlaub noch eine Antifaltencreme. Sie verwechseln offensichtlich den Test mit einem Wunschkatalog.

10 bis 13 Punkte: Schwieriges Profil.
Sie haben sich anscheinend mit der Pubertät und ihren möglichen Folgen bislang kaum auseinandergesetzt. Sie besitzen ein sonniges Gemüt und wissen noch gar nicht, worauf Sie sich einlassen. Es könnte zu Problemen kommen.

7 bis 9 Punkte: Durchschnittliches Profil.
Sie hoffen auf »ein bisschen Pubertät« und reden sich damit die Wirklichkeit schön. Bei Ihnen paart sich Naivität mit Wunschdenken. Vielleicht haben Sie auch nur Wahrnehmungsstörungen.

3 bis 6 Punkte: Traditionelles Profil.
Sie besitzen ein recht traditionelles Bild von der Pubertät. Das heißt, Sie trauen Ihrem Teenager alle wichtigen pubertätstypischen Verhaltensweisen zu. Sie sind Realisten und machen sich insgeheim auf viele Probleme und harte Auseinandersetzungen gefasst.

0 bis 2 Punkte: Perfektes Profil.
Sie stellen sehr hohe Erwartungen an Ihren Pubertisten, da Sie viel von ihm fordern und durchgängig Chaos und Katastrophen erwarten. Mit viel Einsatz und Unterstützung kann eine perfekte Pubertät gelingen. Sie sollten aber einen langen Atem und Geduld haben. Seien Sie auf Enttäuschungen gefasst.

ELTERN- UND PUBERTISTENKUNDE

DENKEN SIE ZURÜCK

Obwohl Pubertät für viele ein Buch mit sieben Siegeln ist, besitzt jeder von uns ein eigenes Bild von dieser Lebensphase. Dabei prägen die von den Medien unterstützten Klischees, aber auch eigene Erfahrungen unsere Vorstellung. In letzter Zeit vermitteln Fernsehen und Zeitungen überwiegend ein problematisches Bild von Pubertät als permanente Katastrophe und gravierenden Ausnahmezustand, was die Erwartungen vieler Mütter und Väter negativ beeinflusst und Unbehagen bereitet. Doch man sollte wissen: Viele dieser Darstellungen beruhen auf Erkenntnissen von Entwicklungspsychologen der psychoanalytischen Richtung, die aufgrund von Krankheitsbildern gewonnen wurden. Sie sind selten allgemein übertragbar.
Schon einmal wurde Ihr Leben durcheinandergewirbelt und komplett auf den Kopf gestellt: bei der Geburt Ihres Kindes. Sie haben diese Herausforderung angenommen und gemeistert.
Kinder und erst recht Jugendliche bedeuten Unplanbarkeit und gelegentlich Chaos. Doch das Zusammenleben mit einem Teenager bietet die einmalige Gelegenheit, Erstaunliches über sich selbst, aber auch über eine »fremde Kultur« zu entdecken.
Denken Sie zurück an die eigene Pubertät: Erinnern Sie sich an das Gefühl, nicht mehr Kind und noch nicht erwachsen zu sein? Wie haben Ihre Eltern auf Ihr Verhalten reagiert? Was möchten Sie selbst besser machen? Sprechen Sie beim nächsten Besuch einmal Ihre Eltern auf die eigene Pubertätszeit an und lassen Sie sich von eigenen »pubertistischen Verfehlungen« erzählen, von damaligen Abirrungen und Fehltritten. So haben Sie die Chance, noch einmal nachzuempfinden, was es heißt, Pubertist zu sein. Erzählen Sie Ihrem Teenager, wie Sie beim Stehlen erwischt wurden oder die Schule geschwänzt haben. Fragen Sie ihn, wie er als Mutter oder Vater darauf reagiert hätte.

Die **Elterntypen**

WELCHER ELTERNTYP SOLL'S DENN SEIN?

Für Erwachsene hält das Leben mit Kindern gelegentlich Überraschungen bereit. Die Eltern benehmen sich wie immer, jedoch der Nachwuchs verändert plötzlich sein Verhalten radikal. Im Teenageralter bedeutet das: Die Pubertät ist da. Das neue Auftreten ihres Jugendlichen erscheint vielen Eltern unverständlich und bereitet ihnen ähnlich Angst wie die Begegnung mit einem fremden Volksstamm. Sie haben Sorge, ob ihr Kind noch »normal« sei, daher müssen sie auf diese Situation reagieren.

Ohne gefragt worden zu sein, ohne je eine Bewerbung abgegeben oder einen Einstellungstest bestanden zu haben, sollen Sie also plötzlich den Job der Pubertisteneltern ausüben. Dabei besitzen Sie weder eine Lizenz zum Erziehen noch einen Elternführerschein. Das kann nur schiefgehen. Zugleich wird Ihnen vom Nachwuchs versichert, dass Sie »out« bis »mega-out« sind, nichts »checken« und man sich von Ihnen ab jetzt gar nichts mehr sagen lässt. Wenn das nicht genug Motivation für eine gelungene Karriere als Pubertistenflüsterer ist! Die Art und Weise jedoch, wie Eltern an ihre neue Aufgabe herangehen, ist sehr unterschiedlich. Daher folgt hier eine ausgewählte Typologie heutigen Elternverhaltens. Sie kann Ihnen helfen, sich selbst besser einzuschätzen.

> »Die erste Hälfte unseres Lebens wird von den Eltern ruiniert, die zweite von den Kindern.«
>
> Clarence Darrow | US-amerikanischer Rechtsanwalt und Bürgerrechtler, 1857–1938

ELTERN- UND PUBERTISTENKUNDE

Die gut vorbereiteten Eltern

Da Sie alles im Leben im Griff haben wollen, vermeiden Sie es, wie so viele andere Eltern ahnungslos in die Zeit der Pubertät zu schlittern. Bereits bei der Mitteilung der Schwangerschaft durch Ihren Gynäkologen notierten Sie noch in der Praxis in Ihrem Taschenkalender: »Achtung: in elf Jahren wahrscheinlicher Pubertätsbeginn.« Von diesem Tag an haben Sie sich gewissenhaft auf die Flegeljahre Ihres Sprösslings vorbereitet. Denn Sie ahnen bereits: Wenn ein Kind angeblich aus dem Gröbsten heraus ist, steht in Wirklichkeit mit dem Teenageralter das Allergröbste noch bevor.

Sie nehmen sich fest vor, aus Ihrem Nachwuchs einen guten Pubertisten zu machen und gemeinsam mit ihm eine ereignisreiche Zeit zu erleben. Daher abonnieren Sie von Anfang an populäre pädagogische Fachzeitschriften wie »Brigitte« oder »Der Spiegel«. Sie besuchen Pubertätsvorbereitungsseminare beim Familienbildungswerk der Kirche, um für alle Fälle der Aufzucht, Haltung und Pflege eines Teenagers gewappnet zu sein. Sie machen sich bei anderen Eltern oder Freunden, im Fernsehen oder Internet kundig, wie Sie die Pubertätszeit überleben können.

Nach den langen Jahren des Wartens ist dann eines Morgens der ersehnte Augenblick endlich gekommen. Sie erkennen ihn daran, dass Ihr Nachwuchs durch die Wohnung brüllt: »Fuck you all, ich hab es endlich geschafft: Seit 7 Uhr 10 bin ich in der Pubertät.« Das ist der Moment, auf den Sie hingearbeitet haben und den Sie, genau wie die ganze Pubertät, genießen sollten.

Sie notieren in Ihrem Taschenkalender: »Heute früh endlich Pubertätsbeginn. Alles läuft nach Plan!« Als bestens vorbereiteter Pubertistenflüsterer werden Sie nun für schöne und abwechslungsreiche Flegeljahre Ihres Teenagers sorgen.

Die Spaßeltern

Als Spaßeltern möchten Sie möglichst viel erleben. Auch in der Pubertät Ihres Kindes wollen Sie Spaß haben, und der Alltag soll weiterhin möglichst »easy« ablaufen. Dabei hilft Ihnen die morgendliche Erdung durch Tai Chi unheimlich.

In Sachen Ordnung und Sauberkeit kommt es nicht zu Konflikten, da Sie wenig von diesen Sekundärtugenden halten. Statt behütende und spießige Gluckeneltern zu sein, sehen Sie sich als beste Freunde Ihres Teenies, denn Freundschaft ist besser als Elternschaft, klingt nach Spaß und nicht nach mühsamer Erziehung.

Als Mutter sind Sie überzeugt, dass Ihre Tochter es schätzt, wenn Sie so jugendlich gekleidet sind wie sie und oft mit ihr shoppen gehen. Als Vater sehen Sie sich eher als großer Bruder, der ab und an Kontakte zu seinem Nachwuchs knüpft. Ansonsten suchen Sie das Weite, um eigenen Hobbys nachzugehen, denn Pubertät nervt.

Einer Erziehung von Jugendlichen stehen Sie kritisch gegenüber. Sie haben aufgeschnappt, dass es Unfug ist, ab zwölf Jahren noch von Erziehung zu sprechen. Die meisten Fragen regeln Sie deshalb über die Hausordnung, wobei dieses böse Wort natürlich niemals fällt. Die wenigen Regeln, die lediglich den Alltag organisieren, werden gelegentlich neu ausgehandelt. Schließlich wollen Sie die Freiheit des Jugendlichen und Ihre eigene nicht einschränken.

Als »Forever-young«-Eltern sehen Sie sich als lockere Berater und Lebensbegleiter des Pubertisten. Sie sind schon zufrieden, wenn Ihr Teenager nicht schwanger oder kriminell wird. Was auf den ersten Blick wie Bequemlichkeit, Lustlosigkeit und Desinteresse aussieht, sind aber Ihrer Ansicht nach Toleranz und Vertrauen in die Stärken des Nachwuchses. Sie zwingen niemandem Ihren Willen auf. Der Pubertist soll seine kleinen Probleme gefälligst selbst lösen.

ELTERN- UND PUBERTISTENKUNDE

Die erlebnishungrigen Eltern

Sie sind um die vierzig, fühlen sich noch nicht scheintot und wollen etwas erleben. Die Routine von Beruf und Hausarbeit, Eheleben und täglichem Jogging lässt Ihr Leben langweilig und öde erscheinen. Als außergewöhnlicher Aufreger gilt in dieser Phase schon die Anschaffung der ersten Gleitsichtbrille. Einen Ausweg aus der Krise und den wirklichen Kick bietet jetzt die Pubertät, die in Medien und Freundeskreis angepriesen wird als die schlimmste Phase, die Familien treffen kann. Da geht es drunter und drüber, Gewalt, Drogen und Kriminalität halten Einzug in das friedliche Reihenhaus. Nichts ist aufregender als pubertäre Aussetzer und die Entwicklung von Mamas Liebling zum Terrorteenie. Wenn der Sohn das Familienauto an einen Baum gesetzt hat oder die Tochter mit dem Frontmann der Schülerband durchbrennt, Ihr Liebling seit Wochen die Schule schwänzt oder das Haus bei einer Party verwüstet, dann wissen Sie: Ihre Liebe und Ihr Einsatz werden jetzt belohnt.

Für den Typ »erlebnishungrige Eltern« ist das genau das Richtige. Sie fühlen sich anerkannt. Sie erfahren, welche positiven Auswirkungen solcher Stress auf ein bisher ereignisarmes Leben hat. In jeder Yogagruppe, jedem Fitnesscenter stehen Sie mit Ihren Gruselgeschichten im Mittelpunkt des Interesses.

Im Vergleich hierzu sind verpfuschte Schönheitsoperationen oder Seitensprünge fade Kost! Jede Woche gibt es Neues zu berichten, falls Sie nicht gerade einen Pubertätslangweiler großgezogen haben (siehe Seite 31). Um zusätzlich mit Nervenzusammenbrüchen zu glänzen, überfrachten Sie Ihre Erziehung mit hohen Erwartungen, um diesen Ansprüchen nicht genügen zu können. Wirksam sind auch Selbstzweifel und massive Verunsicherung, ob Sie den täglichen Anforderungen gewachsen sind.

Die pubertätsfürchtigen Eltern

Schon beim Hören des Wortes »Pubertät« zucken Sie angstvoll zusammen, denn die in Kürze anstehenden jugendlichen Flegeljahre Ihres Nachwuchses erscheinen Ihnen der Mega-GAU schlechthin zu sein. Schlimmer kann es im Leben nicht kommen, finden Sie. Kein Wunder, wird doch in Ihrem Freundeskreis mit den ausufernden Alkoholexzessen oder dem täglichen Cannabiskonsum der Sprösslinge großspurig geprahlt, und bei der Lektüre von Erziehungsratgebern tauchen unbekannte, angsteinflößende Begriffe auf wie zum Beispiel »ritzen« oder »chillen«.

Außerdem sind Sie als Eltern in den besten Jahren mit Ihren Aufgaben im Beruf, im Haushalt und in der Freizeit ohnehin bereits völlig ausgelastet und können es sich nicht leisten, noch weitere Probleme aufgehalst zu bekommen. Wäre es Ihnen möglich, würden Sie die Pubertät glatt verbieten.

Ihnen reicht nun bereits die Aussicht, keinen Zutritt mehr zum Kinderzimmer zu haben, jeden Tag Schitzel mit Pommes kochen zu müssen oder tagelang angeschwiegen zu werden.

Wenn das nur alles wäre. Zusätzlich schwant Ihnen, dass in absehbarer Zeit alle Ihre Verbote ignoriert werden, dass der Nachwuchs tun und lassen wird, was er will, und dass Ihnen Ablehnung und Respektlosigkeit entgegenschlagen.

> »Komik entsteht, wenn man Tragödien anschaut und dabei ein Auge zukneift.«

Eckart von Hirschhausen | deutscher Arzt, Kabarettist und Schriftsteller, *1967

Andere Eltern rechnen mit pechschwarz gefärbten Haaren der Tochter – Sie befürchten eine grün-blaue Irokesenfrisur mit teilweise rasiertem Schädel. Sie erwarten kein grelles Schminken, sondern gleich ein Nasen- und Zungenpiercing. Statt auf Alcopops stellen Sie sich auf Marihuana ein.

Zugleich befürchten Sie, dass mit der Pubertät auch gewisse Ansprüche auf Sie zukommen: Spätestens jetzt sollten Sie das typische schlechte Elterngewissen entwickeln. Um keine Versagensängste aufkommen zu lassen, beginnen Sie am besten damit, Ihre ganze bisherige Erziehung infrage zu stellen. Schuldgefühle haben den Vorteil, dass sie sowohl plagen als auch lähmen. Gute Eltern sollten sich bei Misserfolgen in der Erziehung regelmäßig mit Gewissensbissen quälen. Seien Sie kreativ beim Ausdenken neuer Vorwürfe. Fehlt Ihnen die Fantasie, fragen Sie Ihren Pubertisten, der Ihnen dabei gerne und ausgiebig behilflich sein wird.

Ein Tipp am Rande: Erfahrene Lehrerinnen empfehlen für pubertätsfürchtige Eltern, stets einen Karton Prosecco bereitzuhalten. Zwar ändert sich nach ein paar Gläschen nicht die Wirklichkeit, aber vielen dürfte es helfen, einen neuen Blick auf die Gegenwart und die damit verbundenen Probleme zu entwickeln.

Die Buddha-Eltern

Gehören Sie zu den Eltern, die bereits einmal die Pubertät eines nahen Angehörigen miterlebt haben? Herzlichen Glückwunsch! Sie wissen also, dass Sie mit einer schicksalsergebenen Haltung am besten überleben. Im Gegensatz zu Ihren Eltern haben Sie sogar Ihre eigene Pubertät unbeschadet überstanden. Nichts kann Sie mehr erschüttern, weil Sie eine heiter-gelassene Buddhanatur angenommen haben, an der alles abprallt.

Da Sie sich in den Phasen der Vor-, Hoch- und Spätpubertät bestens auskennen, wissen Sie alle Kapriolen einzuordnen. Wozu sich aufregen, es kommt, wie es kommt, und einer wird schon überleben. Ihr täglich gemurmeltes Mantra lautet: »It could be worse«, auch wenn manche Situation schon worser als worse erscheint.

Sie sind ein hoffnungsfroher Mensch, der fest davon überzeugt ist: »Irgendwann hat alles mal ein Ende.« Ändern können Sie ja sowieso nichts, da sich ein Pubertist meist immun gegen Erziehungsversuche zeigt. Deshalb dürfen Sie sich mit Pubertätsbeginn in Ruhe zurücklehnen. Genießen Sie es, Sie sitzen in der ersten Reihe. Von Ihnen können alle Eltern lernen. Mit Ihrer Gelassenheit erwerben Sie sich den Respekt, den Sie als Eltern verdient haben, und den Freiraum, Ihr Leben nach eigenen Vorstellungen zu gestalten.

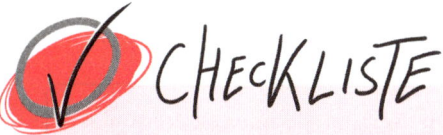

WAS SIE ALS BUDDHA-ELTERN KÖNNEN MÜSSEN

> Abrupt wechselnde Launen und einen hohen Kreischfaktor, Türenschlagen und Totenstille ignorieren.
> Bei verbalen Entgleisungen und Ausrastern weghören, exotische Kleidungsexzesse und das Chaos im Kinderzimmer übersehen.
> Schlechte Schulnoten gelassen hinnehmen. Schließlich besitzen Sie bereits einen Schulabschluss.
> Gut schlafen, auch wenn Ihr Teenager die Nacht zum Tage macht: Nicht Sie werden morgen früh todmüde sein.
> Angriffe auf Ihren Lebensstil wie »So wie ihr will ich nicht leben!« ins Leere laufen lassen, indem Sie auf die Möglichkeit des Auszugs aus der Wohnung hinweisen.
> Das Gefühl von Freiheit und Leichtigkeit des Seins genießen, indem Sie sich aus allen Konflikten heraushalten.

Die perfekten Eltern

Als perfekte Eltern haben Sie genau die Eigenschaften, die Teenager besonders schätzen. Halbe Sachen gibt es bei Ihnen nicht. Wie Hubschrauber kreisen Sie ständig um Ihre Kinder. Wenn Sie schon welche in die Welt gesetzt haben, dann wollen Sie jetzt alles richtig machen. Elternsein ist schließlich Lebensaufgabe und Berufung.

Sie wissen, dass ein einziger Fehler in der Erziehung Konsequenzen für das gesamte Leben Ihres Nachwuchses hat. Dies haben Sie ja selbst am eigenen Leib erfahren durch die miserable Erziehung Ihrer eigenen Eltern, unter der Sie noch heute leiden. Deren Fehler werden Sie jedoch nicht wiederholen. Deshalb machen Sie alles anders, um Ihren Eltern zu zeigen, wie richtige Erziehung aussieht.

Endlich können Sie Ihre Erziehungsallmachtsfantasien ausleben, denn Sie fühlen sich für alles verantwortlich und zuständig. Nichts entgeht Ihrem wachsamen pädagogischen Blick, Sie fühlen sich als Förderer Ihres Teenagers. Durch die aufmerksame Lektüre von Erziehungszeitschriften und Ratgeberliteratur kennen Sie die neuesten pädagogischen Modetrends und können mühelos wechseln zwischen harter Disziplin sowie Freiheit und Selbstverantwortung.

Sie suchen sich das Beste aus verschiedenen Erziehungsstilen heraus. *Ihre Lieblingssendungen im Fernsehen sind »Die Super-Nanny« oder »Teenager außer Kontrolle«,* wo Sie sich daran erbauen, wie andere Eltern erbärmlich scheitern.

Sollte es jedoch mit der Erziehung nicht so klappen wie angestrebt, gibt es genug Schuldige in Ihrer Umgebung: Lehrer, Mitschüler, Großeltern oder Medien und Gesellschaft. Notfalls können Sie auch den Pubertisten selbst für den Misserfolg haftbar machen. Dann vergleichen Sie Ihr Kind mit erfolgreichen Geschwistern oder Freundeskindern. So einen Versager haben Sie nicht verdient.

DEN ÜBERBLICK BEHALTEN

Viele Eltern fühlen sich überfordert von den Anforderungen, die Jugendliche in der Pubertät an sie stellen. Wo und wie müssen sie eingreifen? Ist in der Pubertät überhaupt noch Erziehung möglich? Es stimmt: Eltern verlieren im Laufe der Pubertät für Jugendliche immer mehr an Bedeutung und besitzen immer weniger Einfluss. Vielleicht ist der Auftrag von Eltern jetzt mit der Aufgabe von Leitungskräften einer Firma zu vergleichen: Mitarbeiter motivieren, ihre Fähigkeiten entdecken und entwickeln. Oder gefällt Ihnen das Bild eines Reisebegleiters besser, der dem Jugendlichen auf dem Weg zum Erwachsensein Orientierung gibt? Betrachten Sie Erziehung einmal unter dieser Perspektive. Fragen Sie sich nach den Zielen Ihrer Erziehung:

❯ Welche Begabungen, Interessen und Fähigkeiten Ihres Teenagers können und wollen Sie unterstützen?

❯ Welche sozialen Fähigkeiten in Familie, Schule und Zusammenleben mit anderen (Verein, Gruppe, Kirche) wollen Sie fördern?

❯ Welche Werte sind Ihnen wichtig (Respekt, Rücksichtnahme, soziales Engagement, Verantwortungsbewusstsein, Disziplin, Leistungsbereitschaft, Selbstbewusstsein, Selbstständigkeit ...)?

Überlegen Sie, wie Sie Ihrem Kind ein guter Lernpartner sein und diese Leitziele im Alltag verwirklichen können. Zum Beispiel gehören zum Thema Selbstständigkeit die Organisation des alltäglichen Lebens (Wecken, eigene Termine wahrnehmen, Hausaufgaben, Umgang mit Geld) und das Zusammenleben (Mithilfe im Haushalt: Tischdecken, Wäsche einräumen, Staubsaugen, Haustiere versorgen).

Bedenken Sie dabei: Weniger ist mehr. Konzentrieren Sie sich bei Ihren Zielsetzungen auf das, was Ihnen wirklich wichtig ist. Dafür bleiben Sie in diesen Bereichen immer am Ball. Auf diese Weise überfordern Sie weder sich noch Ihren Jugendlichen.

ELTERN- UND PUBERTISTENKUNDE

DER PUBERTISTENTEST

Immer mehr Eltern sind unsicher, ob ihr Nachwuchs bereits in der Pubertät steckt oder nur eine späte Trotzphase durchläuft. Ob die Hormone bei Ihrem Kind angefangen haben zu wirken, können Sie als Eltern zunächst an gewissen Äußerlichkeiten Ihres Teenagers feststellen: Stimmbruch, Entwicklung der Brust, Körperbehaarung, Pickel, breitere Schultern, fettige Haare und so weiter. Übrigens beginnt die Pubertät immer früher: Zum Beispiel sollen in Deutschland im Jahr 1860 Mädchen erst mit 16 Jahren die erste Periode gehabt haben. Heute setzt sie oft schon mit 12 Jahren ein.

Mit der Pubertät sitzt nicht nur ein äußerlich runderneuerter Mensch am Tisch. Neben dem Körper verändern sich auch der Geist und das Verhalten. Davon ist besonders das Gefühlsleben betroffen. Mit kleinen, beiläufigen Fragen können Sie herausfinden, ob bei Ihrem Teenager bereits pubertätstypische Emotionen festzustellen sind, die mit Beginn der Flegeljahre auftreten.

Der **Pubertistentest**

Sprechen Sie Ihren Nachwuchs ab dem elften Lebensjahr gelegentlich wie folgt an:

- »Wie lange telefonierst du noch?«
- »So gehst du mir nicht aus der Wohnung!«
- »Um Punkt 22 Uhr bist du wieder zu Hause!«
- »Stell die Musik leiser!«
- »Räum endlich dein Zimmer auf.«
- »Du gehst erst weg, wenn du mit Lernen fertig bist!«
- »Wie war's in der Schule?«
- »Häng deine Sachen ordentlich auf!«
- »Sprich nicht in diesem Ton mit mir.«
- »Wo gehst du denn jetzt schon wieder hin?«
- »Du warst so ein liebes Kind!«

Die folgenden spontanen Reaktionen auf solche Zumutungen sind angemessen und weisen auf das erfolgte Einsetzen der Pubertät hin:

- Aufmüpfigkeit
- Desinteresse
- Feindseligkeit
- Heulkrämpfe
- patzige Antworten
- schlechte Stimmung
- Beleidigungen
- eisiges Schweigen
- heftiger Streit
- Ignorieren
- Provokationen
- stundenlanges Diskutieren

Mit der Zeit gewöhnen Sie sich an die Gefühlsausbrüche. Im Grunde haben Pubertisten nur deshalb schlechte Laune, weil ihre Eltern ständig mit ihnen reden wollen, weil sie sich einmischen oder mit unliebsamen Aufträgen quälen. Wozu haben Sie eigentlich einen Partner? Doch auch ohne jemanden zu belästigen, können Sie leicht feststellen, ob Ihr Nachwuchs in der Pubertät ist. Machen Sie einen Selbstversuch und stellen sich die Fragen auf der folgenden Seite.

ELTERN- UND PUBERTISTENKUNDE

ERMITTELN SIE DIE PUBERTÄTSSTÄRKE

Sie erkennen einen Jungpubertisten daran, dass er schläft, wenn Sie wach sind, und wach ist, wenn Sie schlafen wollen. Wenn Sie ganz sicher wissen wollen, woran Sie sind, machen Sie den folgenden Test. Wie haben Sie sich eigentlich in den letzen 24 Stunden gefühlt? Bewerten Sie Ihre Antworten auf der Skala von 0 bis 4. Kreuzen Sie dabei jeweils den gefühlten Wert an. Addieren Sie zum Schluss die Punkte, und Sie erhalten die Pubertätsstärke.

Kästchen zum Ausfüllen:
0 = trifft gar nicht zu
1 = kommt mir bekannt vor
2 = ein wenig
3 = trifft es ziemlich gut
4 = stimmt genau

Beim Auftreten oder Anblick meines Kindes ...
- ☐ ... fühlte ich mich gestresst und überfordert.
- ☐ ... fühlte ich mich blamiert und erniedrigt.
- ☐ ... fühlte ich mich abgelehnt und verachtet.
- ☐ ... fühlte ich mich bloßgestellt und unsicher.
- ☐ ... fühlte ich mich depressiv und unglücklich.
- ☐ ... fühlte ich mich schuldig und verzweifelt.
- ☐ ... fühlte ich mich genervt und verärgert.
- ☐ ... spürte ich einen spontanen Widerwillen.
- ☐ ... spürte ich eine unerklärliche Ablehnung.
- ☐ ... spürte ich Wut in mir aufsteigen.

☐ gesamte Punktzahl

Auswertung des Tests zur Pubertätsstärke

Zählen Sie nun die Punkte für Ihre Kreuzchen zusammen und vergleichen Sie Ihre Punktzahl mit den folgenden Kurzprofilen. Daraus ergibt sich die aktuelle Pubertätsstärke.

0 bis 5 Punkte: Keinerlei Pubertät in Sicht.
Nehmen Sie eventuell Beruhigungsmittel? Oder verfüttern Sie die Tabletten an Ihren Nachwuchs?

6 bis 12 Punkte: Unklares Pubertätsbild.
Zur weiteren Klärung empfiehlt sich ein regelmäßiger Pubertätstest. Finden Sie heraus: Will Ihr Jugendlicher nicht pubertieren oder kann er nicht?

13 bis 18 Punkte: Durchschnittswerte eines Normalteenagers.
Ist Ihnen nicht manchmal langweilig?

19 bis 25 Punkte: Akzeptable Pubertätsstärke.
Ihr Jugendlicher agiert gut, und Sie reagieren in der richtigen Art und Weise darauf. Sind Sie Erika und Hans Mustermann?

26 bis 32 Punkte: Gefühlshaushalt in Unordnung.
Ein ausgeglichener Gefühlshaushalt sieht anders aus. Versuchen Sie es zum Beispiel mit autogenem Training und sagen Sie: »Ich bin gaaaanz ruhig!« Dann atmen Sie langsam ein und aus.

33 bis 40 Punkte: Offensichtlich ist nicht die Pubertät das Problem, sondern Sie.
Bei dieser Punktzahl befinden Sie sich offenbar in den Wechseljahren. Sorry, die Wahrheit ist manchmal grausam!

Tipp: Lassen Sie Ihren Pubertisten ebenfalls diesen Test durchführen. Was fühlt er beim Anblick seiner Eltern? Sie werden sich wundern, denn Ihr Nachwuchs wird ähnliche Werte erreichen wie Sie!

ELTERN- UND PUBERTISTENKUNDE

 IMPULSE

GEHIRN IM UMBAU

Die Pubertät kommt fast immer zum falschen Zeitpunkt: kurz vorm Urlaub, in den Wochen vor den Schulzeugnissen, wenn es im Beruf besonders stressig ist und in der Ehe kriselt. Doch nicht der Teenager dreht durch, sondern es rumort im Gehirn, das nun umgebaut wird. Die Gehirnmasse wächst. Nervenverbindungen, die nicht benutzt werden, sterben ab, die anderen steigern ihre Leistung. Das Denkorgan entwickelt sich in Schritten, am längsten braucht der Stirnlappen: teils bis zum 23. Lebensjahr! Er ist für wichtige Entscheidungen zuständig wie Zeitempfinden, Abwägen von Konsequenzen, Gefühlskontrolle, Urteilsvermögen, Organisation und Motivation. Kein Wunder, wenn Teenager reagieren, bevor sie nachdenken. Wenn sie am Computer spielen, statt für die morgige Klassenarbeit zu lernen. Wenn sie ständig zu spät kommen, kein Zeitempfinden haben. Der Stirnlappen reagiert noch zu langsam, stattdessen übernehmen andere Teile des Gehirns die Regie. Auf die Frage »Was hast du dir dabei gedacht?« können Jugendliche ehrlich antworten: »Eigentlich nichts!«

Neben der Neustrukturierung des Gehirns beeinflussen auch die hormonellen Veränderungen das Verhalten der Teenager, was zu Gefühlsschwankungen, Antriebsschwäche und Risikofreudigkeit führt.

Akzeptieren Sie, dass Ihr Teenie oft nicht fähig ist, den Alltag in den Griff zu bekommen und die richtigen Entscheidungen zu treffen. Fördern Sie die Nervenverschaltungen im Gehirn durch Sport, Hobbys, soziales Engagement, Musizieren. Üben Sie sich in Gelassenheit und Humor, diskutieren Sie nicht alles zu Ende. Geben Sie sich bei guten Argumenten auch mal geschlagen.

Sprechen Sie über die »Baustelle« Gehirn. Erklären Sie, dass Innehalten und Nachdenken das Bewertungssystem des Frontallappens aktiviert, wodurch man der Spirale der Emotionen entkommen kann.

Die **Pubertistentypen**

ELTERN HAFTEN FÜR IHRE KINDER: PUBERTISTENTYPEN

Heutzutage sind die Ansprüche von Eltern, Lehrern, Psychologen, Wissenschaft und Pädagogen an eine gelungene Pubertät hoch. An Jugendliche werden höchste Anforderungen gestellt, die leicht zu Versagensängsten und Verweigerung führen können. Pubertätskenner wissen, dass viele verschiedene Verhaltensweisen für eine gute und anspruchsvolle Pubertät nötig sind. Nicht immer sind Eltern daran schuld, wenn eine Pubertät fade oder zäh verläuft. Werfen wir deshalb einen Blick auf unterschiedliche Pubertistentypen.

Der gute Pubertist

Es gibt einige Mindeststandards, die in den Flegeljahren eingehalten werden müssen, damit man von einer gelungenen Pubertät reden kann. Vorbildliche Verhaltensweisen, die einen Jugendlichen zum guten Pubertisten machen, sind unter anderem: Stimmungsschwankungen, dröhnende Musik, Clique statt Familie, ständiges Beleidigtsein, stundenlanges Schminken, eigenwilliger Kleidungsstil, Endlostelefonate, Computersucht, Besserwisserei, Unpünktlichkeit, Null-Bock, Chaos, Rechthaberei, Schulversagen, zickiges Verhalten und Freunde, die Eltern um den Schlaf bringen.

   Dies sind nur einige ausgewählte Elementaranforderungen. Alles ist in bester Ordnung, wenn Ihr Heranwachsender möglichst viele dieser Verhaltensweisen regelmäßig an den Tag legt. Im Alter zwischen 14 und 17 Jahren sollte Ihr Teenager schwer ansprechbar und unzurechnungsfähig sein, eine gediegene Verweigerungshaltung an den Tag legen sowie eine Schwerhörigkeit zweiten Grades aufweisen. Ganz besonders Talentierte beeindrucken zusätzlich mit

Schuleschwänzen, Diätwahn, Verkehrsdelikten, Sachbeschädigung oder Graffiti. Eine alltägliche Szene aus dem Alltag mit einem guten Pubertisten zeigt der folgende Dialog:

Tochter *(aufgebracht)*: »Wer hat mein Lieblings-T-Shirt weggenommen? Ich brauche es dringend für die Party heute Abend!«
In der Frage versteckt sie klug eine berechtigte Schuldzuweisung.
Mutter *(erstaunt)*: »Welches meinst du denn? Es lagen so viele schmutzige Sachen in deinem Zimmer auf dem Boden.«
Die Mutter versucht es mit der Rolle des Unschuldslamms.
Tochter *(aufbrausend)*: »Willst du damit sagen, dass du heimlich in mein Zimmer eingedrungen bist? Du hast dort nichts zu suchen.«
Die Tochter gibt nicht auf in ihrem Bestreben, der Mutter das Einhalten von Abmachungen nahezubringen.
Mutter *(beschwichtigend)*: »Meine Liebe, ich hatte eine halb volle Waschmaschine, da habe ich netterweise deine Sachen, die nicht im Wäschekorb, sondern im Zimmer lagen, aufgehoben und mitgewaschen. Sie hängen zum Trocknen auf der Leine.«
Die Mutter ist stolz darauf, wie ruhig sie bleibt.
Tochter *(lautstark)*: »Du bist so was von doof! Ich hasse dich. Wie soll ich jetzt auf die Party gehen. Ich habe nichts zum Anziehen.«
Bei aller Geduld muss die Tochter nun auf die Konsequenz »Ohrenbetäubendes Kreischen« zurückgreifen.
Mutter: »Dein Outfit ist doch prima. Du siehst damit aus wie 16.«
Mit diesem plumpen Versuch erreicht die Mutter, dass ihr 13-jähriger Teenager beleidigt in den Keller, dann ins Bad stampft.
Eine Stunde später. Tochter *(zufrieden)*: »Ich hab das T-Shirt jetzt mit dem Föhn getrocknet. Ich geh dann! Sorry, Mom ... ich hab dich lieb.«
Die Tochter sieht jetzt wirklich aus wie 16 und verabschiedet sich bewundernswert gut gelaunt und versöhnlich.

Erwarten Sie aber bitte nicht umgehend Höchstleistungen von Ihrem Kind. Für die faden Spießergene, die Sie unter Umständen vererbt haben, kann es nun wirklich nichts. Berücksichtigen Sie, dass Lukas oder Anna benachteiligt sind, da sie in einer ungünstigen Umgebung, nämlich bei Ihnen, aufgewachsen sind.

Bei nur gelegentlichem Auftauchen pubertätsgemäßer Verhaltensweisen ist Ihr Sprössling ein Pubertist mit Defiziten, der Unterstützung benötigt. Organisieren Sie Nachhilfe: Sprechen Sie ältere Jugendliche und Cliquen vor Diskotheken, Einkaufszentren oder auf öffentlichen Plätzen an. Sie erkennen gute Pubertisten meist schon an Merkmalen wie Pubertistensprache, Kleidung oder Pickel.

Der Pubertätsverweigerer

Bedenklich wird es, wenn Ihr Teenager auf Dauer keine oder nur wenige der auf Seite 23 genannten Verhaltensweisen zeigt. Wird doch von führenden Entwicklungspsychologen Pubertät als tief greifende Krise mit einschneidenden psychologischen Störungen angepriesen. Wenn diese Erwartungshaltung der Eltern enttäuscht wird, stellt sich die Frage: Leidet Ihr Liebling vielleicht an »Idiopathic Hypogonadotropic Hypogonadism«, einer selbst von der gesetzlichen Krankenkasse anerkannten Krankheit, bei der die Pubertät verzögert eintritt oder sogar ausfällt? Klären Sie dieses Problem mit dem Arzt ab. Kann er organische Ursachen ausschließen, greifen Sie bei durchschnittlicher Pubertätsverweigerung auf bewährte Maßnahmen zurück. Vertrauen Sie zum Beispiel auf Hilfe aus dem Fernsehen! Schon das gemeinsame Ansehen von »Super-Nanny«, »We are family«, »U20 – Deutschland, deine Teenies«, »Teenager außer Kontrolle«, »Die strengsten Eltern der Welt« und diversen Talkshows entfacht Begeisterung für die Pubertät.

ELTERN- UND PUBERTISTENKUNDE

Kinder lernen am effektivsten durch Nachahmung und Vorbild. Gute Erfahrungen haben anthroposophisch geprägte Eltern damit gemacht, ihre Teenager die Flegeljahre tanzen zu lassen. Lassen Sie sich hiervon anregen zu rhythmischen und kreativen Bewegungen mit Seidentüchern in reinen Farben. Bockt Ihr Teenager immer noch, versuchen Sie Ihren störrischen Nachwuchs in einem vertraulichen Gespräch von den Vorteilen der Pubertät zu überzeugen. Die besten Argumente haben wir hier zusammengestellt:

- »Jeder erwartet von dir ab sofort nur noch schlechte Leistungen in der Schule!«
- »Du brauchst nie mehr pünktlich zu sein.«
- »Du kannst launisch und bockig sein und wirst dafür höchstens mit Augenrollen bestraft.«
- »Du darfst jedes kleine Problem enorm wichtig nehmen.«
- »Du darfst eine Zahnspange tragen.«
- »Du darfst ausflippen – nicht nur bei Verboten, sondern auch wenn du unbedingt etwas haben möchtest.«
- »Du kannst immer sagen: ›Ich kann nichts dafür, ich bin in der Pubertät!‹«
- »Du darfst gelegentlich die Schule schwänzen.«
- »Du bekommst Pickelcreme spendiert.«
- »Du darfst dein Zimmer und die ganze Wohnung vermüllen.«
- »Du kannst faul und unverschämt sein.«
- »Du darfst null Bock haben.«
- »Dein Leben wird zu einer Dauerparty.«
- »Du darfst nach Herzenslust kreischen: bei Spinnen (Horrorkreischen) oder Justin Bieber (Huldigungskreischen).«
- »Du kannst dich täglich bis aufs Blut mit deinen Eltern und deinen Geschwistern streiten.«

Helfen Sie Ihrem Nachwuchs, die Vorteile einer optimal ausgeschöpften Pubertät gegen die Nachteile abzuwägen, um zu zeigen, dass der Aufwand sich wirklich lohnt.

Nützen all die guten Argumente nichts und fällt der Heranwachsende weiterhin durch permanente Verhaltensunauffälligkeiten auf, ist es dringend geboten, aus der großen Vielfalt psychosozialer Angebote auszuwählen, die der Staat bereithält, etwa eine Familientherapie oder die Inanspruchnahme von Jugendhilfe und Schulpsychologen. Immer mehr ratlose Eltern stürmen Therapeutenpraxen oder einschlägige Beratungsstellen und klagen verzweifelt: »Unser Kind verweigert jegliche Pubertät. Was sollen wir nur tun?«

Auch Sozialarbeiter mit erlebnispädagogischer Zusatzausbildung können wertvolle Anregungen beisteuern. Notfalls ist auch ein Erziehungscamp im Westen der USA zu empfehlen, wo sich der Pubertist grundlegende Techniken in Ausrasten, Stimmungsschwankungen und Beleidigen abschauen kann.

Der Pubertätslangweiler

Sie haben aufregende Pubertätsjahre erwartet und erleben nun das: Statt eines aufsässigen, launischen und zickigen Auftretens ist Ihr Teenager lieb und anschmiegsam. Beim Fernsehen wird an Papas Schulter angekuschelt, am Sonntagmorgen ins elterliche Bett geschlüpft. Mit Mama macht das Backen immer noch Spaß, gelegentlich wird der Wunsch geäußert, wieder einmal gemeinsam zu basteln. Die Wäsche landet im Wäschekorb, das Zimmer ist sauber. Zum vereinbarten Zeitpunkt ist Anna zu Hause und geht sofort ins Bett. Mit Modelleisenbahn und Barbiepuppen wird weiterhin gespielt. Statt in die Disco geht's zur Feuerwehr, statt zum Komasaufen geht Lukas zum Naturschutzbund und beobachtet Vögel.

ELTERN- UND PUBERTISTENKUNDE

Einen solchen Pubertisten zu haben ist für Eltern einfach nur peinlich. Immerhin hat er einige Pickel, Stimmbruch und Ansätze von Bartwuchs. Ihre Tochter findet sich hässlich oder zu dick, ist unglücklich verliebt und hat zu kleine Brüste oder einen zu dicken Po. Das sind erste Ansatzpunkte für eine gelungene Pubertät.

Bringen Sie den Pickeln und Stimmungsschwankungen viel Anerkennung und Wertschätzung entgegen. Vielleicht fehlt es nur an Anregungen und Fantasie, um die Pubertät kreativ zu gestalten. Erzählen Sie gelegentlich von Ihren wilden Teenagertagen. Ermuntern Sie auch die Oma, davon zu berichten. Woher sollen Jugendliche auch wissen, was Eltern in der Pubertät von ihnen erwarten?

Knüpfen Sie daran an, dass Ihr Pubertist stundenlang brav in seinem Zimmer sitzt und liest: Schenken Sie Ihrem Jungen die Memoiren von Rap-Star Bushido oder lassen Sie in Ihrer Wohnung die Musik bekannter Hip-Hopper wie King Zaza, Azad oder Baba Saad in voller Lautstärke erklingen. Harter Straßenslang voll Wut und Frustration will gelernt sein, wenn man nicht das Glück hatte, auf den Straßen eines sozialen Brennpunktes aufzuwachsen. Machen Sie es sich nicht zu einfach, falls Ihr Engagement nicht fruchtet, indem Sie behaupten, Ihr Kind sei renitent und schwer erziehbar.

Psychologisch bedenklich ist es, wenn Ihr Teenager Pubertätsstress vermeiden und einfach seine Ruhe haben möchte. Problemarmut verweist darauf, dass Konflikte nicht wahrgenommen oder gar verdrängt werden. Die unterdrückten Konflikte brechen später umso stärker durch und erfordern dann langwierige Therapien.

Geben Sie die Hoffnung nie auf: Vielleicht ist Ihr Kind ein Pubertisten-Schläfer. Aus der »hormonellen Schnarchtüte«, dem »ganz, ganz lieben Teenie« entwickelt sich dann doch noch eine Östrogenzicke oder Testosteronbombe. Erste Fortschritte sind gelegentliches Türschlagen, Widerworte und langes Verweilen im Badezimmer.

HALT GEBEN, GRENZEN SETZEN

Sie sind zwar »lebenslänglich« Eltern, aber auch Eltern sollten mal Feierabend haben und sich bei einem Glas Wein oder einem Film entspannen können, am besten bei einer humorvollen Liebesgeschichte mit schöner Musik und Happy End. Doch dann rumpelt die Tochter die Treppe herunter und schimpft aufgebracht, weil das Lieblings-T-Shirt in der Wäsche ist. Nicht immer enden solche Geschichten mit einem Happy End. Gefühlschaos, Reizbarkeit, Stimmungsschwankungen, Unsicherheit und fehlende Motivation sind typisch für Pubertierende, denn das Gehirn wird umgebaut, und Hormone überschwemmen den Körper (siehe Seite 22). So sind sich die Pubertierenden immer wieder selbst fremd, einem Ich ausgeliefert, das sich ständig verändert.

Orientierung geben im Chaos
Es ist für Eltern eine Herausforderung, pubertäre Widersprüche und Verhaltensweisen mitzutragen: einerseits die Widersprüche und Ablösungsbestrebungen der Teenager auszuhalten, andererseits jedoch kontaktbereit zu sein und sowohl Halt als auch Orientierung zu bieten. Der Verlauf der Pubertät ist weder vorhersehbar noch planbar. Schärfen Sie Ihre Wahrnehmung nach dem Motto: Lieber zehnmal auf das Positive schauen und nur einmal das wahrnehmen, was schiefläuft.
Der Familien- und Kommunikationsberater Jan-Uwe Rogge stellt fest: »Es ist normal, wenn die Kids in dieser Zeit nicht richtig ticken, und keine Folge erzieherischen Scheiterns.« Wir sollten unseren Kindern das Beste zutrauen, ihre Bedürfnisse ernst nehmen, ihnen aber auch Grenzen setzen und Leitplanken bauen. In der Auseinandersetzung mit Regeln und konträren Meinungen trainieren Teenager die Ablösung von den Eltern. Sie dürfen und müssen Fehler machen. Aber sie müssen auch mit den Konsequenzen ihres Fehlverhaltens konfrontiert werden.

Ein Fremder in unserem Haus

Viele Paare beklagen sich nach Jahren des Zusammenlebens über aufkommende Langeweile und eingefahrene Verhaltensmuster. Besonders pfiffige Zeitgenossen flüchten sich in Seitensprünge, halsbrecherische Sportarten oder Reisen in ferne Länder, um neuen Schwung in die Beziehung zu bringen. Das haben Sie nicht nötig. Bereits vor Jahren haben Sie sich Kinder zugelegt, um nun in der Lebensmitte die Früchte zu ernten. *Sie genießen die Lebendigkeit und Unbekümmertheit, die mit der Pubertät in Ihren vier Wänden Einzug gehalten hat.* Sie freuen sich an den ereignisreichen und kostspieligen Aktivitäten von Teenagern, werden mitgerissen von der Lebensfreude und Unbekümmertheit der Jugend. Sie lassen sich vom Nachwuchs inspirieren zu neuer Lebenslust und -kunst. Eltern können viel mehr von ihren Kindern lernen als umgekehrt: Organisieren Sie Ihr Leben neu. Kaufen Sie sich flippige Klamotten und genießen erstaunte Blicke. Ziehen Sie wieder öfter um die Häuser. Lassen Sie Gefühlsschwankungen zu und rasten endlich einmal aus. Die bunte Pubertistenwelt bietet Ihnen viele Anregungen dazu.

Um den Familienalltag noch spannender zu machen, folgen nun die brisantesten Verhaltensweisen und die besten Tipps für das Zusammenleben in den heimischen vier Wänden.

KOMMUNIKATION: KEIN ANSCHLUSS UNTER DIESER NUMMER

Sie denken, nichts sei einfacher, als mit Pubertisten ins Gespräch zu kommen, weil Sie schließlich vor zwanzig Jahren selbst in der Pubertät waren. Wenn Sie sich da mal nicht täuschen. In welche psychologischen und pädagogischen Fallen Sie schon bei einem einfachen Thema tappen können, werden Sie im Alltag mit einem Pubertisten immer wieder feststellen können.

> **Auf einmal wohnt ein Fremder in der Wohnung,** der einem mit viel Energie **rücksichtslos, launisch, faul und unverschämt** den Tag vermiest.

Peer Wüschner | deutscher Kunsttherapeut und Pädagoge, *1955

»Mama, nun chill mal!«

Ein erschreckendes Beispiel dafür, wie Kommunikation zwischen unfähigen Eltern und gesprächsbereiten Pubertisten häufig scheitert, ist der folgende Dialog zwischen Mutter und Tochter:

Mutter: »Anna, bitte leg deine Wäsche in den Wäschekorb.«

Tochter: »Ja, später, ich muss mich nur noch schnell mit Sarah für heute Abend verabreden.«

Mutter: »Nein, nicht später, gleich! In deinem Zimmer und im Bad, überall liegt deine Wäsche herum.«

Tochter: »O. k., nur noch dieses Gespräch!«

Beispiel einer typischen Drachenmutter: Die Tochter wird zu Hausarbeiten herangezogen, obwohl sie notwendige soziale Kontakte knüpfen will. Ungünstiger Gesprächsbeginn.

Mutter (*eine halbe Stunde später*): »Kannst du endlich loslegen, im Wohnzimmer liegen auch noch Pullover von dir.«

Tochter: »Klaro, ich leg gleich los.«

Mutter: »Nein, jetzt sofort!«

Tochter: »Ich mache es sofort, nur nicht jetzt sofort. Du machst mich voll peinlich vor Sarah.«

Mutter: »Und du machst mich voll wütend.«

Tochter: »Mama, nun chill mal.«

Kommunikation

Obwohl die Tochter »sofort« mit der Arbeit in drei verschiedenen Zimmern loslegen will, ist die penetrante Mutter immer noch nicht zufrieden. Sie macht den Fehler, von der Sachebene (Aufräumen) zur Gefühlsebene (Wut) zu wechseln. Damit einher geht die Demütigung der Tochter vor der Freundin. Die Tochter behält aber einen ruhigen Kopf und bietet der Mutter eine Auszeit (chillen) an.

Mutter *(nach einer Stunde)*: »Das darf doch nicht wahr sein! Du liegst auf dem Bett, hörst Musik, und nichts ist gemacht.«

Tochter: »Warum schreist du mich so an?«

Mutter: »Deine Wäsche! Ich packe sie in den Müll.«

Völlig diffus: Obwohl die Wäsche in den Wäschekorb gehört, soll sie nun in den Müll. Das muss die Tochter verwirren.

Tochter: »Sei mal geschmeidig! Kannst du nicht normal reden?«

Mutter: »Räum endlich auf!«

Tochter: »Warum? Hallo!? Ist hier Diktatur?«

Die Tochter behält weiterhin einen kühlen Kopf und argumentiert betont sachlich. Sie möchte wissen, warum die Mutter schreit (Gefühlsebene) und warum aufgeräumt werden soll (Sachebene).

Mutter: »Weil hier das blanke Chaos herrscht!«

Tochter: »Hast du schon mal was von kreativem Chaos gehört?«

Mutter: »Von Kreativität war bei deiner letzten Mathearbeit wenig zu sehen.«

Tochter: »Jetzt bist du total unsachlich. Hör auf, mich zu dissen und zuzuföhnen. Überhaupt bist du so was von spießbürgerlich.«

Mutter: »Du kannst dich jetzt sofort kreativ entfalten, indem du aufräumst.«

Tochter: »Jetzt rastest du schon wieder aus! Was kann ich denn dafür, dass du in den Wechseljahren bist?«

Mutter: »Ich habe keine Probleme mit den Wechseljahren, sondern mit deiner Unordnung!«

Tochter: »Warum bist du so aggressiv? Weißt du was? Ich glaube, du suchst Streit und erträgst es nicht, wenn es mir gut geht.«

Mutter: »Ich will mich in meiner Wohnung wohlfühlen.«

Tochter: »Dann kann ich ja aus deiner Wohnung ausziehen, wenn ich hier nur geduldet bin.«

Die Tochter geht wieder psychologisch einfühlsam vor, indem sie Erklärungsmuster für das mütterliche Verhalten anbietet: Neid auf die Attraktivität der Tochter (Wechseljahre) und Unzufriedenheit mit ihrer Lebenssituation (Streit und Unwohlsein in der Wohnung).

Mutter: »Nein, ich ertrage nur deine Schlamperei nicht!«

Tochter: »Musst du mich so runtermachen? Hasst du mich so?«

Mutter: »Ich hasse nicht dich, ich hasse deine Schlamperei!«

Tochter: »Hallo, angeblich war ich ein Wunschkind. Wozu hast du dir ein Kind gewünscht? Um es herumzukommandieren?«

Mutter *(zischt)*: »Ich habe mir ein Kind gewünscht, das gelegentlich auch einmal Rücksicht auf meine Bedürfnisse nimmt.«

Tochter: »Das hättest du dir früher überlegen müssen.«

Die Tochter hat das lange sorgsam gehütete Familiengeheimnis aufgedeckt: Sie war nie das Wunschkind, als das die Mutter sie ausgegeben hat. Sie wurde nie um ihrer selbst willen geliebt.

Mutter: »Aber dein Verhalten ist in Ordnung?«

Tochter: »Du peilst nichts. Ich lerne nur selbstständig zu werden.«

Mutter: »Jetzt nimm die Wäsche, oder ich explodiere.«

Tochter: »Du setzt mich psychisch unter Druck! Das muss ich mir nicht gefallen lassen.«

Mutter: »Ach, wirklich? Und was ist mit mir?«

Tochter: »Offensichtlich denkst du immer nur an dich und an deine spießbürgerliche Ordnung. In Afrika sterben Millionen von Menschen an Hunger und Krieg, und du regst dich über herumliegende Wäsche auf.«

Kommunikation

Mutter: »Du willst mir doch nicht sagen, dass herumliegende Kleidung auch nur eines der Weltprobleme lösen wird.«
Statt die tief gekränkte Tochter in den Arm zu nehmen und lange zurückliegende Verletzungen aufzuarbeiten, geht es der rechthaberischen Mutter lediglich um den äußeren Schein der kleinbürgerlichen Ordnung.
Tochter: »Mensch, Mama, du willst mich nur nicht verstehen. Mich stören die Klamotten nicht. Es gibt einfach größere Probleme.«
Mutter: »Nur weil sie dich nicht stören, sollen sie liegen bleiben?«
Tochter: »Ehrlich gesagt, du tust mir leid. Ich will nie so werden, dass alles, was mich interessiert, eine aufgeräumte Wohnung ist.«
Mutter: »Dass dein Zimmer vermüllt ist, ist deine Sache. Nur will ich im Rest der Wohnung nicht auf einer Müllhalde leben.«
Tochter: »Ich glaube, du bist verbittert, weil sich in deinem Leben nichts tut, außer dass ein paar Wäschestücke herumliegen.«
Mutter: »Ja, ich kann mir wirklich ein interessanteres Leben vorstellen, als mich nur um das Chaos meiner Tochter zu kümmern.«
Tochter: »Aber um mich hast du dich nie gekümmert! Du hast nie Zeit für mich gehabt!«
Mutter: »Ich hätte mehr Zeit, wenn ich dir nicht immer nachräumen müsste. Außerdem willst du doch, dass ich dich in Ruhe lasse.«
Tochter: »Weil du dich immer einmischst. Nichts traust du mir zu.«
Die Tochter beschreibt hier ihren schmerzhaften Prozess der einsetzenden Abnabelung und des Selbstständigwerdens, dem die klammernde Mutter verständnislos gegenübersteht.
Mutter: »Immerhin traue ich dir zu, die Wäsche wegzuräumen.«
Tochter: »Mach dich nur lustig. Du verstehst mich nicht.«
Mutter: »Und was soll ich jetzt tun?«
Tochter: »Du sollst mir sagen, wo ich frische Wäsche finde! Mein Schrank ist leer. Nie habe ich etwas zum Anziehen.«

Kleiner Sprachführer Pubertistisch – Deutsch

Denken Sie immer daran: Die Pubertistenwelt ist nicht nur für Sie, sondern auch für Ihren Jugendlichen anfangs ein unbekanntes Universum. Die Kontaktaufnahme zum Teenager wird jetzt schwieriger, wie auf den Seiten zuvor bereits geschildert. Zusätzlich erschwert wird sie durch die fremde Sprache, die in der Pubertistenwelt gesprochen wird. Wie jede neue Sprache muss auch Pubertistendeutsch mühsam gelernt werden. Helfen Sie Ihrem Teenager, indem Sie die nötigsten Wörter wie Vokabeln mit ihm täglich einüben und immer wieder abfragen.

Neben dem betonten Gebrauch eines regionalen Dialekts, dem Nachahmen der Sprachgewohnheiten beliebter Fernsehserien und der besonderen Sprache der eigenen Clique gibt es in der Teenagersprache einige universelle Begriffe, die schon seit längerem Bestand haben. Die wichtigsten Wörter für den Alltag haben wir auf den folgenden Seiten für Sie in einer Checkliste zusammengestellt. Testen Sie selbst, ob Sie wissen, was welches Jugendwort bedeutet, indem Sie zunächst die rechte Spalte zudecken und die Bedeutung zu beschreiben versuchen. Sobald Ihnen einige der Begriffe vertraut sind und Sie sie lässig genug aussprechen können, streuen Sie die Wörter in die Kommunikation mit Ihrem Pubertisten ein. Sie werden sehen, dass er sich wertgeschätzt und verstanden fühlt.

> »Ich hör' es gerne, wenn die Jugend plappert. Das Neue klingt, das Alte klappert.«
>
> Johann Wolfgang von Goethe | deutscher Dichter, 1749–1832

CHECKLISTE

PUBERTISTENSPRACHE

- Alter, Alte (sprich: Alda, Alde) — Ansprache für jeden, der über 5 Jahre alt ist
- angepisst sein — verärgert sein
- Atze — Freund
- auf sure (sprich: auf schur) — auf jeden Fall
- blumig — gut gelaunt
- Checker — kluger Mensch
- chillen (sprich: dschillen) — entspannen, locker sein, abhängen
- cruisen — engl. für herumfahren. Ziellos mit dem Fahrrad oder Motorrad durch die Gegend fahren
- das ist der Burner — das ist toll
- da geht der Groove ab — da ist etwas los
- Digger — Freund, Kumpel, Kollege
- dissen — mobben, ärgern
- Dude — Anrede für einen Kumpel
- durchsumpfen — eine Nacht durchfeiern
- Ego-Deko — Schminke, Tattoo, Piercing
- eiern, rumeiern — lügen/ziellos herumlaufen
- end- — Präfix, das einen Superlativ ausdrückt (z. B. »endgeil«)
- fake, gefaked — falsch
- fett — »Das ist fett!« Das ist toll, gut. Steigerung: voll fett
- für lau (= auf duty) — umsonst
- gediegen — cool, schön
- geschmeidig — entspannt

❯ grottenschlecht	voll daneben
❯ hängen geblieben	dumm, beschränkt
❯ hardcore	alles, was anstrengend oder stressig ist: von den Eltern bis zur Englischarbeit
❯ hart	extrem
❯ hartzen	rumhängen
❯ hau rein	geh, mach dich auf den Weg
❯ Keule	Bezeichnung für einen Freund
❯ kicken	»Das kickt voll rein!« meint: »Das ist absolut interessant!«
❯ krass/voll krass	sehr gut. Nur in Verbindung mit »Mann« zu verwenden
❯ lasch/voll lasch	sehr schlecht, aber auch: sehr gut
❯ Lefti (= Weichei)	überempfindliche Person
❯ locker mal ab	spiel dich nicht so auf, bleib cool
❯ Luser	gebildet aus »Loser« (Verlierer) und »User« (Benutzer). Versager
❯ megamäßig abgespaced	sehr verrückt
❯ null Peilung haben	keine Ahnung haben
❯ Nullchecker	dumme oder untalentierte Person
❯ obern korrekt	hervorragend, sehr gut
❯ ölen	schwitzen
❯ Opfer	Idiot, Trottel
❯ panne	daneben, bescheuert
❯ peilen	verstehen
❯ Poser	Angeber
❯ pumpen	sich volllaufen lassen
❯ quarzen	Cannabis rauchen. Synonyme: kiffen, buffen, harzen

❯ raffen/rallen	kapieren
❯ random	zufällig
❯ reinstressen	Hektik verbreiten
❯ rummädeln	wehleidig sein
❯ schizo	Abkürzung von schizophren. Meint: krank, seltsam, abgedreht
❯ Schlampenphase	Tiefpunkt in der Pubertät
❯ Sneakers	Turnschuhe. Standardausrüstung von Teenagern
❯ spotten	engl. für entdecken, ausmachen
❯ standard	natürlich
❯ Stino	Abkürzung für »Stinknormalo«
❯ straight	engl. für gerade, direkt, schnell zur Sache kommen
❯ stylisch (sprich: s-teilisch)	schön
❯ tritt's in die Tonne	vergiss es
❯ Tussi	junge Frau
❯ twixen	heimlich rauchen
❯ unterirdisch	schlecht, ohne Niveau
❯ verchecken/vertickern	verkaufen
❯ voll ... mies, porno, krass	hervorragend
❯ voll nich	auf gar keinen Fall, ganz und gar nicht, überhaupt nicht
❯ volltexten	auf jemanden einreden
❯ was geht ab?	wie geht es?
❯ wayne	egal
❯ Wixgriffel	Hände
❯ zuföhnen	in Grund und Boden quasseln
❯ zugeklingt	betrunken, besoffen
❯ zugetackert sein	viele Piercings haben

IN KONTAKT BLEIBEN

An manchen Tagen ist keine gute Kommunikation möglich. Man schaukelt sich hoch und sagt Dinge, die sehr verletzen. Wenn abends noch Licht unter der Tür des Kinderzimmers schimmert, klopfen Sie vorsichtig an. Klingt das »Ja, was ist?« Ihres Teenies nicht ablehnend, fragen Sie, ob Sie sich zu ihm setzen dürfen. Wenn er sich »chillig« im Chaos seines Zimmers befindet, muss er sich nicht beweisen und nicht cool sein. Vielleicht bekommt er Lust, über Wichtiges zu reden, das ihn bedrückt, oder über Unwichtiges, das er lustig findet. Unter Umständen können Sie jetzt auch noch mal in Ruhe ansprechen, warum Sie das Chaos in der Wohnung so stresst.

Es ist wichtig, im Gespräch zu bleiben. Fragen Sie gelegentlich: Wie geht es dir? Was beschäftigt dich? Bleiben Sie am Ball. Es gibt Themen, die erörtert werden müssen (Drogen, Freundschaft, Verhütung, Werte). Hierzu bedarf es feiner Antennen und zahlreicher Anläufe. Nehmen Sie Ablehnung oder Desinteresse auf Gesprächsangebote nicht persönlich. Zeigen Sie Interesse am Leben und Denken Ihres Teenagers, gehen Sie gemeinsam zu Veranstaltungen oder zum Shoppen. Interessieren Sie sich für seine Hobbys, auch fürs Computerspiel oder die Lieblingsserie. Zeigen Sie, dass Sie auch nicht perfekt sind: Lassen Sie sich helfen beim Brennen einer CD, dem Einrichten des Handys. Das schafft Gemeinsamkeit und Gesprächsanlässe. Auch beim Lieblingsitaliener sind Teenager oft entspannter und redseliger als zu Hause, ebenso im Auto. Wenig hilfreich ist es dagegen, Teenager anbiedernd in der »Pubertistensprache« anzureden. Jugendliche wollen sich damit gegen Sprache und Habitus der Erwachsenen abgrenzen, ihre Unabhängigkeit und die Zugehörigkeit zur eigenen Clique demonstrieren. Sie müssen aber auch lernen, dass im Vorstellungsgespräch, bei Tisch oder beim Familientreffen anders gesprochen werden sollte als mit engen Freunden.

GESPRÄCHSKULTUR: TALKSHOW IM WOHNZIMMER

Im Grunde haben Sie bereits das Schlimmste hinter sich, wenn Ihr Nachwuchs in die Pubertät kommt. Denken Sie zurück an die durchwachten Nächte, als Ihr Baby wegen der durchbrechenden Zähne oder der Bauchschmerzen weinte und kaum zu beruhigen war. Wenig später begann die Phase, in der Sie Ihren Nachwuchs keine Sekunde aus den Augen lassen durften, wenn Sie keine Treppenstürze, Verbrennungen oder verschluckte Legosteine riskieren wollten. Im darauf folgenden Trotzalter wurde Erziehung anstrengend, der Nachwuchs bockig und widerspenstig. Ebenso endeten Jahre später die Hausaufgaben oftmals in Tränen, Geschrei und Nervenzusammenbrüchen.

Andererseits: Waren Sie nicht glücklich über die ersten Worte und Sätze Ihres Kleinkindes, sowie etwas später über die philosophischen Gespräche mit den großen Kleinen am Küchentisch? Wie froh waren Sie, als Ihr Kind, statt zu heulen oder zu brüllen, sich endlich mit Worten verständlich machen konnte!

All diese Augenblicke der sonnigen Vertrautheit und der verschwörerischen Komplizenschaft, sie sollen von jetzt an tatsächlich nicht mehr den gemeinsamen Alltag bestimmen? Noch gestern waren Sie doch der Held oder die Königin im Leben Ihres Kindes, und Ihr Wille war Gesetz.

Wo ist sie hin, diese gute, alte Zeit? Grämen Sie sich nicht, denn ab jetzt gilt auch: Ihr Pubertist hat endlich die Probleme, die für Sie ebenso interessant sind, wie zum Beispiel Schönheitspflege, Aussehen, Verhütung, Umgang mit Geld, Auswahl des Fitnessstudios oder die angesagteste Kleidung. Da macht es doch richtig Spaß, Gespräche über ausgewählte Highlights zu führen.

Nicht nur die Themenvielfalt ist bei Gesprächen mit Jugendlichen beachtlich. Endlich werden wirkliche Probleme erschöpfend behandelt, wie etwa das Wegtragen des Mülls, die Bedeutung von Schulbildung für das weitere Leben, der Fleischkonsum und Klimawandel sowie der Sinn des Lebens. Dabei wissen Teenager über alles bestens Bescheid und vertreten bereits vehement fundierte Meinungen. Mag das Thema auf den ersten Blick wenig ergiebig bis langweilig erscheinen, Jugendliche entdecken schnell global-galaktische Zusammenhänge oder beziehen das alltägliche Verhalten ihrer Eltern in die Diskussion mit ein.

Es wundert nicht, wenn manche Eltern Pubertistengesprächen mit gemischten Gefühlen entgegensehen. Oft beginnen diese mit grundsätzlichen Feststellungen wie »Ihr habt echt keine Ahnung!« oder »Wieso immer ich?« und enden mit qualifizierten Aussagen wie »Ihr seid doch alle Luser!« oder »Ich hasse euch!«.

Hohe moralische Standards

Kleine Fehler, wie falsche Mülltrennung oder gelegentliche Notlügen der Eltern, brennen sich für immer in das Gedächtnis eines Teenagers ein, um die Nichtsahnenden bei passender Gelegenheit damit zu konfrontieren. Beispielsweise, wenn der gute alte Schulfreund, heute ein scharfsinniger Zollbeamter, vom Nachwuchs über die schwarzarbeitende nette Putzhilfe und das fehlende Gerechtigkeitsempfinden der Eltern informiert wird: »Hanna ist natürlich nicht angemeldet, aber dafür regen sich meine Eltern tierisch auf, wenn ich ab und zu schwarzfahre. Das ist voll krass ungerecht.«

Der moralische Standard liegt hierbei auf dem höchsten Niveau, der Dalai Lama ist im Vergleich zu Ihrem Teenager ein Mafioso und Mutter Teresa eine Lebedame.

Gesprächskultur

> »Kinder sind ein Trost im Alter und ein Mittel, es rascher zu erreichen.«

Rudolf Fernau | deutscher Schauspieler, 1898–1985

Apropos Moral: Für anregende Diskussionen mit Pubertisten eignet sich ganz besonders das Thema Essen. Denn eines Tages entdecken Teenager, dass die Milch nicht aus der Tüte und das Fleisch nicht aus der Tiefkühltheke kommt, sondern von lebenden Tieren.

Da reicht es nicht mehr, wenn Sie beim Einkaufen auf artgerechte Haltung der Tiere achten und grundsätzlich »Bio« kaufen. Schätzen Sie sich glücklich, wenn Ihr Teenager bei Tisch über gesunde Vollkornnudeln oder zuckerfreien Biojoghurt mäkelt. Denn wesentlich unangenehmer ist es, wenn der Pubertist eines Tages entschlossen verkündet: »Ab heute bin ich Vegetarier, ihr Leichenfresser!« Auf diese Ankündigung folgen meist drastische und detaillierte Schilderungen über das Blutbad im Schlachthof. Wie nur leicht betäubte Schweine am Fließband in ein Brühbad getaucht oder bereits gerupfte Hühner maschinell geköpft werden, ist auch in einer grünen Broschüre nachzulesen, die der Schilderung Nachdruck verleihen soll.

Während Sie mühsam mit Brechreiz kämpfen, breitet Ihnen Ihr Sprössling, der bisher ungeniert Hamburger und Steaks konsumiert hat, das ganze Elend industrieller Massentierhaltung aus, bis Sie geschockt stammeln: »Das habe ich nicht gewusst!«

Auch wenn in den folgenden Tagen unter lautem Protest des uneinsichtigen jüngeren Bruders überwiegend vegetarisch gekocht wird: Es kommt noch schlimmer.

Denn nicht viel später tut der Nachwuchs den staunenden Ernährern kund: »Ab heute bin ich Veganer, ihr Tiermörder!« Bevor Sie überlegen können, ob es sich hierbei um eine besondere Meditationsform handelt, erhalten Sie detaillierte Schilderungen über Hühner in Käfigbatterien, die sich gegenseitig die Eingeweide aus dem Körper picken, und hormonverseuchte Hochleistungsmilchkühe, die depressiv in ihren Massenstallungen dahinvegetieren. Das alles ist jetzt in einer gelben Broschüre nachzulesen, die der Schilderung Nachdruck verleihen soll und dazu auffordert, keine tierischen Produkte mehr zu verwenden. »Ab heute boykottiere ich Milch, Butter, Eier, Fisch, Leder, Daunen, Wolle sowie Kosmetika mit tierischen Inhaltsstoffen, Ihr Tierquäler!«, stellt der angehende Tierrechtler in einem Ton fest, der keinerlei Widerspruch duldet.

Wenn Sie gehofft haben, das Thema Essen sei nun erledigt, dann haben Sie sich getäuscht, denn Pubertät bedeutet, extrem und rigoros zu argumentieren und ebenso zu leben. »Ab heute bin Frutarier, ihr Pflanzenmörder!«, verkündet ein blasser Heranwachsender Tage später. Immerhin beruhigt es Sie, dass er keine dubiose Rassentheorie vertritt, sondern nur jegliche pflanzliche Nahrung ablehnt, die mit dem Tod einer Pflanze verbunden ist. Das alles ist nun in einer roten Broschüre nachzulesen, die der Schilderung Nachdruck verleihen soll und dazu auffordert, nur Früchte, Nüsse und Blätter zu essen, um Pflanzen nicht zu töten oder zu verletzen. Wurde früher aus Gewissensgründen der Wehrdienst verweigert, sind es jetzt Heckenschneiden, Unkrautjäten und Rasenmähen.

Diskutieren Sie mit Ihrem Teenager angeregt über die Würde und die Rechte von Tieren, Pflanzen und Menschen. Notfalls müssen aber die Rechte und Pflichten aller Familienmitglieder bei Tisch per Vertrag geregelt und Propaganda in Wort, Schrift und Bild im Esszimmer verboten werden.

Gesprächskultur

EIN LEBENDIGER AUSTAUSCH

Haben Sie auch manchmal den Eindruck, dass Ihr Teenager und Sie aneinander vorbeireden, egal um welches Thema es sich handelt? Um einander wirklich zu verstehen, sind zwei Aspekte besonders wichtig:

❯ Aktives Zuhören, um das Anliegen des anderen wahrzunehmen. Wenden Sie sich Ihrem Gesprächspartner mit dem Körper zu und suchen Sie Blickkontakt. Stellen Sie Fragen, wenn Sie etwas nicht verstanden haben. Diese können auch Impulse für Ihren Teenager sein, selbst nachzudenken und Lösungen zu finden: »Was ist deine Meinung dazu?«, »Welche Lösung wäre möglich?«, »Was genau stört dich an der Situation?« Wiederholen Sie gelegentlich mit eigenen Worten, was Sie verstanden haben. Das schafft Vertrauen und die Möglichkeit, eine Situation aus der Perspektive des anderen zu betrachten. Erfragen Sie, welcher Wunsch sich hinter einem Vorwurf verbergen könnte.

❯ Ich-Botschaften, mit denen Sie eigene Anliegen und Bedürfnisse aussprechen, ohne zu beschuldigen oder zu bewerten, sodass der Jugendliche keine Abwehrhaltung einnehmen muss. Eine Ich-Botschaft schließt stets die Beschreibung einer Tatsache sowie die damit verbundenen eigenen Gefühle ein. Daran kann noch eine ausdrückliche Erwartung/ein Wunsch angeknüpft werden. Zum Beispiel: »Ich bin enttäuscht, weil unsere Vereinbarung nicht eingehalten wurde«, »Wenn wir nicht in Ruhe zusammen essen können, bin ich sauer, weil wir den Esstisch zur stressfreien Zone erklärt haben und ich möchte, dass unsere Absprachen gelten.« Es reichen wenige Worte, sonst schaltet der Nachwuchs auf Durchzug.

Nicht immer werden Sie eine Verständigung erreichen. Bleiben Sie trotzdem am Ball! Vertrauen Sie darauf, dass Ihre Argumente, wenn sie gut sind, eine Langzeitwirkung haben werden. Das gilt umgekehrt auch für die Argumente Ihres Kindes.

ELTERNFREIE ZONE: PUBERTISTENZIMMER

Zu Beginn der Pubertät liegt oft eine Antriebsschwäche vor, wenn es um die altersgemäße Ausstattung der Wohngrotte des Teenagers geht. Helfen Sie Ihrem Pubertisten dabei, sich in seinem Zimmer wohlzufühlen. Während er darin nach Herzenslust apathisch herumhängt oder sich tödlich langweilt, sollte auch das Ambiente stimmen. Es kann zu lebenslangen Schäden führen, wenn ein Teenager in pubertätsfeindlicher Umgebung sein junges Leben fristen muss!

Entwickeln Sie Stilempfinden

Mit einer Herzchen-, Clowns-, Benjamin-Blümchen- oder Äpfelchentapete, einem Hochbett-Baumhaus samt Rutsche und Schaukel oder einer Kuschelecke in seinem Zimmer kann ein Teenager schwer und dauerhaft traumatisiert werden.

Da der Homo pubertis Höhlenatmosphäre bevorzugt, sollten die Wände schwarz oder zumindest dunkel gestrichen sein. Helle Wände können notfalls auch mit Graffiti, Totenköpfen oder Schriftzügen besprüht werden. Mädchen bevorzugen gelegentlich rosa Farbtöne und ein trendiges Wandtattoo. Zusätzlich sollten folgende Bedingungen erfüllt sein:

- **Passender Wandschmuck.** Die Wände des Zimmers sollten mit Postern von Sängerinnen, Sportlern, Fernsehstars oder Filmhelden ausgeschmückt werden. Im Notfall können darauf auch Models oder der Nationaltorwart zu sehen sein.
- **Verdunkelung.** Falls zu grelles Licht die Nachteulenexistenz stört, ist für ausreichende Verdunkelung zu sorgen. Indirektes Licht mit roten oder schwarzen Glühbirnen ist Standard.

Pubertistenzimmer

- **Keine Frischluft!** Sie ist zu vermeiden, da gesundheitliche Schäden zu befürchten sind. Jugendliche sind sehr anfällig für Schnupfen und Erkältung, insbesondere vor Mathematik- und Englischarbeiten.
- **Zweckmäßige Möblierung.** Bei der Zimmereinrichtung eines Jugendlichen sollte besonders auf eine geeignete Möblierung geachtet werden. Pubertistenmöbel müssen abwaschbar, standfest und robust sein, um die gelegentlichen Wutausbrüche des Besitzers und umgeschüttete Colaflaschen auszuhalten. Ansonsten gibt es eben Nachschub für den Wohnzimmerkamin.
- **Aufkleber an der Tür.** Bringen Sie an der Zimmertür Aufkleber mit fröhlichen Sprüchen an, zum Beispiel »Sperrgebiet«, »Hochspannung – Lebensgefahr«, »Eintritt verboten«, »Privat – kein Zutritt« oder »Elternfreie Zone«. Lassen Sie sich in Gimmick-Läden oder im Baumarkt fachkundig beraten.
- **Pflanzenschutz.** Zimmerpflanzen und Jugendliche: ein delikates Thema. Keine noch so pflegeleichte Zimmerpflanze überlebt den Aufenthalt im Zimmer eines Pubertisten, da dieser mit Musikhören, Fernsehen, Computer, Duschen, Sport, Partys und anderen wichtigen Dingen beschäftigt ist.

Lauter, schneller, härter

Zu jeder Pubertät gehört, neben der angemessenen Dekoration des Zimmers, nicht zuletzt Musik in Düsenantriebsstärke. In Erinnerung an herrlich wummernde Bässe und treibende Rhythmen während der eigenen Jugendzeit sollten Eltern auf die richtige Lautstärke bestehen. Kopfhörer sind keine Alternative, denn damit lässt sich nicht gleichzeitig telefonieren.

Sprechen Sie Ihr Bedürfnis nach Unordnung an

Eltern, aufgepasst, hier verraten wir Ihnen ein Geheimnis zum Thema Ordnung: Viele Jugendliche räumen im Grunde gerne auf und hassen jegliches Durcheinander, auch wenn es auf den ersten Blick anders erscheint. Der jugendliche Messie ist eine Kunstfigur, die durch zahlreiche Elternhirne geistert und von den meisten Erziehungsratgebern kultiviert wird. Machen Sie diese Ansichten nicht zum Wertmaßstab für das Zusammenleben mit Ihrem Teenager. Ganz selten ist das Talent zum Chaos wirklich angeboren! Oft genug zwingen sich Pubertisten zur Unordnung, um den Vorstellungen ihrer Eltern von pubertärem Leben zu entsprechen.

Zwingen Sie Ihr ordnungsliebendes Kind nicht zum Chaos Marke Tornado oder Atomexplosion, wie es dem Idealbild eines Jugendlichen in den Medien und bei kinderlosen Erwachsenen entspricht. Suchen Sie stattdessen das Gespräch mit dem Pubertisten, vielleicht können Sie Kompromisse aushandeln. Als Erwachsene müssen Sie herausfinden, wie viel Unordnung Halbwüchsige vertragen. Dieser Entwicklungsprozess kann sich über einen längeren Zeitraum, zum Beispiel über mehrere Jahre, hinziehen.

Pubertistenzimmer

Zumindest bei Besuchen von Verwandten oder bei besonderen Festen sollte das Zimmer allerdings zeitweise mit Pizzaresten, alten Socken, schmutziger Unterwäsche, benutzten Taschentüchern, leeren Colaflaschen und Chipstüten dekoriert werden, um der Erwartung der erwachsenen Gäste nach pubertärem Chaos und einem altersgerechten »Saustall« zu entsprechen. Hüten Sie sich aber vor jeglichem Zwang zur Unordnung und übertreiben Sie es nicht: Niemand verlangt von Ihnen, dass sich auf benutzten Tellern neues Leben entwickelt oder dass auf gut abgelagerten feuchten Handtüchern grüne Pilzfäden wachsen.

STANDARD-MECKERSPRÜCHE (ZIMMER)

Für ihr Engagement in Sachen Ordnung dürfen Pubertisten folgende Sprüche von ihren Eltern in regelmäßigen Abständen erwarten, sonst macht das Zusammenleben keinen Spaß:
- »Räum endlich dein Zimmer auf!«
- »Wie oft habe ich dir schon gesagt, du sollst (...).«
- »Das räumst du aber wieder weg!«
- »Wie kann man nur in so viel Unordnung leben?«
- »Alles lässt du hinter dir liegen.«
- »Wie sieht es denn hier aus?«
- »Ich habe es satt, andauernd hinter dir herzuräumen.«
- »Bevor hier nicht aufgeräumt ist, verlässt du nicht das Haus.«
- »Wie willst du in diesem Chaos etwas finden?«
- »Hier sieht es aus, als hätte eine Bombe eingeschlagen.«
- »Deine Unordnung macht mich ganz krank.«

KAMPF DEM CHAOS

Jugendliche wollen ihr Zimmer als Ort der Unabhängigkeit gestalten und sich dort zurückziehen. Sie haben ein großes Bedürfnis nach Privatsphäre und auch ein Recht darauf. Rufen Sie sich in Erinnerung: Wenn Sie sich genug gegruselt haben, dürfen Sie den Ort des Schreckens verlassen! Trotzdem: Ordnunghalten will gelernt sein. Bestehen Sie darauf, dass einmal pro Woche das Chaos beseitigt wird. Setzen Sie Fristen, am besten vor dem Wochenende. Versäumte Pflichten müssen am Wochenende nachgeholt werden.

❯ Kleidung, die länger auf dem Boden liegt, wird eingesammelt und für einige Zeit aus dem Verkehr gezogen.

❯ Freunde dürfen nur kommen, wenn das Zimmer aufgeräumt wurde.

❯ Legen Sie nicht eingeräumten, frisch gewaschenen Klamotten einen kleinen Zettel bei: »Liebe Anna, leider habe ich niemand, der mich in den Schrank zu meinen Freunden bringt, und Füße besitze ich auch nicht. Bitte hilf mir und leg mich in mein Fach.«

❯ Schmutzige Wäsche wird nicht mehr gewaschen, wenn sie nicht in den dafür vorgesehenen Körben landet.

Wenn sich auch in Bad, Küche und Wohnzimmer pubertäre Unordnung ausbreitet, helfen »rabiatere« Methoden gegen die Vermüllung:

❯ Was außerhalb des Kinderzimmers herumliegt, kommt in eine Kiste. Nach einer Woche kann Ihr Kind sich die Sachen holen. Andernfalls stellen Sie die Kiste in den Keller oder kündigen die Entsorgung an.

❯ Die Zeit, die Sie zum Aufräumen pubertärer Unordnung benötigen, wird von gemeinsamen Aktivitäten oder Fahrten zum Sport abgezogen.

Für eine gelungene Entrümpelung gibt es ein neues Bett, eine neue Wandfarbe. Helfen Sie mit, wenn Ihr Kind selbst zupackt. Nörgeln Sie nicht, das bringt Frust auf beiden Seiten. Ordnung sollte man vor allem vorleben. Geben Sie immer wieder Hilfen, sie zu organisieren.

TURBULENZEN UND GROSSE EMOTIONEN

Es gibt Menschen, die empfinden gleichzeitig stürmische Liebe und tiefe Ablehnung, sind ständig schlecht gelaunt, wütend und missmutig. Sie fahren schnell aus der Haut, schreien und werden sehr sauer. Sie knallen Türen und können richtig beleidigt sein. Kennen Sie etwa so jemanden? Vielleicht in Ihrer näheren Umgebung? Oder sogar in Ihrer eigenen Wohnung? Richtig! Sie fühlen sich ertappt, denn Sie als Eltern reagieren gelegentlich auf diese Weise. Dabei ist es absolut normal, wenn Sie im Zusammenleben mit Jugendlichen hin und wieder laut und wütend werden.

Theaterworkshop im Flur

Sollte es Ihnen an Temperament fehlen oder sind Sie gar ein »emotionaler Analphabet«, der Probleme hat, eigene Empfindungen zu äußern, kann Ihnen Ihr Teenager hilfreiche Anregungen geben. Schließlich sind Pubertisten Spezialisten für Gefühlsausbrüche und extreme Stimmungsschwankungen, die ohne viel Aufwand erreicht werden können. Es bedarf dazu lediglich eines nichtigen oder kaum erkennbaren Anlasses. Wenn Sie zum Beispiel beim Abendessen Ihren Sohn freundlich bitten, Ihnen den Brotkorb herüberzureichen, dürfte in vielen Fällen die emotionale Antwort hinter einem übervoll bepackten Teller lauten: »Du nervst voll. Bin ich etwa dein Sklave?« Abgerundet wird die Szene möglicherweise, indem der Sprössling samt Essen wütend in sein Zimmer stapft.

Sollten Sie einmal die Dreistigkeit gehabt haben, schmutzige Wäsche, die auf dem Boden verstreut lag, aus dem Zimmer der Tochter zu nehmen, um sie zu waschen, dürfen Sie ebenfalls mit den allerheftigsten Reaktionen rechnen. Im Zicken-O-Ton schallt es dann so oder ähnlich durch die Wohnung: »Seit wann ist es eigentlich erlaubt, einfach in meinem Zimmer herumzuwühlen? Das ist meine Intimsphäre. Durchsuchst du etwa auch meinen Rucksack oder schnüffelst in meinem Schreibtisch herum, wenn ich nicht da bin?«

Ein solcher Zornausbruch ist für Eltern oft schwer verständlich, denn schließlich wühlen Pubertisten mit Vorliebe in mütterlichen Kleiderschränken herum oder lassen gelegentlich Kleinigkeiten wie den Fernseher, die Musikanlage, das Mobiliar oder den DVD-Player aus dem Wohnzimmer in ihrer Höhle verschwinden. Aber das ist dann natürlich »etwas gaaanz anderes«.

»Könnt ihr nicht lesen?«

Einen kürzlich zufällig mitgehörten Dialog haben wir hier für Sie festgehalten. Die Tochter stürmt aus ihrem Zimmer und baut sich vor der Mutter auf:

Tochter (*aufgebracht*): »Kannst du eigentlich lesen?«

Mutter (*verwundert*): »Wie bitte?«

Tochter: »Was steht denn bitte auf dem Schild, das an meiner Zimmertür hängt?«

Mutter (*liest langsam*): »DANGER. Eintritt für Eltern verboten.«

Tochter (*laut*): »Wer hat dir also die Erlaubnis gegeben, in meiner Abwesenheit in mein Zimmer einzudringen?«

Mutter (*beruhigend*): »Sarah. Bei dir stapelten sich vier Schüsseln sowie schmutzige Teller und Gläser im Dutzend. Ich wollte das Mittagessen nicht auf der Tischplatte servieren.«

Tochter: »Du nimmst dir also einfach ungefragt Sachen?«

Die Tochter erhält den erneuten Beweis, dass sie die schrecklichste Mutter in der ganzen Galaxie hat.

Mutter: »Ja, unser tragbares Telefon habe ich auch noch unter der schmutzigen Wäsche entdeckt.«

Die gelassene Überheblichkeit der Mutter ist nur Fassade. Im Stillen schäumt sie vor Wut, dass sie dem jungen Fräulein hinterherräumt und dann noch beschimpft wird.

Tochter: »Du wühlst auch noch in meiner Wäsche?«

Die Tochter ist hocherfreut, einen weiteren Anklagepunkt vorbringen zu können.

Mutter: »Ja, das Telefon piepte schon erbärmlich vor sich hin …«

»… und hat sich schon mit den Spinnen und Maden im Zimmer angefreundet« – *Letzteres kann die Mutter aber gerade noch herunterschlucken. Bravo!*

Tochter: »Ich fasse es nicht! Du verletzt einfach meine Intimsphäre und machst dich auch noch lustig.«

Die Tochter ist übrigens Mitglied in der schulischen AG Theater.

Mutter: »Entschuldige, aber so war das nicht gemeint.«

Tochter *(1,64 Meter bebende Empörung)*: »Ja, immer entschuldigst du dich. Nächstens schnüffelst du in meinem Tagebuch und sagst dann: ›War doch nicht so gemeint.‹ Und du machst es trotzdem immer wieder.«

Mutter: »Hallo, ich habe doch nur MEIN Geschirr und MEIN Telefon geholt. WEIL ICH ES GEBRAUCHT HABE!«

Mit dieser überflüssigen Rechtfertigung räumt die Mutter unwillkürlich ihre Schuld ein.

Tochter: »Darf ich jetzt etwa DEIN Geschirr nicht mehr nehmen? Gehöre ich nicht mehr zur Familie? Du bist einfach nur spießig.«

Ein letzter verzweifelter Versuch der Tochter, ihre emotionale Betroffenheit deutlich zu machen.

Mutter: »Aber ist es dir nicht peinlich, wie unordentlich es bei dir aussieht, wenn Freunde kommen?«

Tochter: »Es ist mir oberpeinlich, so eine Mutter zu haben, die die Privatsphäre ihrer Tochter nie respektiert. Ich hasse dich.«
Mutter: »Jetzt wird's aber heftig.«
Der wehleidigen Mutter schießen die Tränen in die Augen.
Tochter: »Ich verlange, dass du mein Zimmer nie mehr ohne meine Erlaubnis betrittst und dort Unordnung verbreitest. Ist das klar?«
Ohne auf eine Antwort zu warten, schlägt die Tochter die Tür ihres Zimmers zu. Die Mutter steht betroffen vor der Tür und blickt auf ein zweites Schild mit der Aufschrift: »Man muss nicht verrückt sein, um hier zu wohnen, aber es hilft ungemein.«

Ganz großes Gefühlskino

Es verwundert nicht, dass Jugendliche starke Emotionen entwickeln, müssen sie doch täglich laute Musik, nervenaufreibende Computerspiele, ständige Telefonanrufe, quengelnde Eltern und oft auch stressige Geschwister ertragen, ebenso wie schulische Belastungen und ein lachhaftes Taschengeld. Zudem sind Jugendliche diesen überaus hohen Anforderungen oft gleichzeitig ausgesetzt.

Es ist also völlig normal, wenn Teenager von ihren Gefühlen überschwemmt werden. Eltern können von ihnen lernen, denn Pubertisten werden nicht nur schnell wütend, missmutig oder mürrisch, sie sind auch begeisterungsfähig und schwärmerisch, entwickeln enthusiastische Träume und Verliebtheiten und schmelzen für einen Sportler, einen süßen Jungen oder einen tollen Pulli dahin. Wenn Sie sich daran orientieren und im Aussehen und Outfit jugendlich geben, dann benehmen Sie sich bitte auch so, indem Sie seufzend von einem Treffen mit dem smarten George Clooney oder der hübschen Tagesschausprecherin träumen und lautstark für ein Handtäschchen von Gucci oder eine Harley Davidson schwärmen.

Starke Emotionen: immer ein guter Grund

Im Leben von Pubertisten gibt es tausend Gründe für Stimmungsschwankungen. Bestimmte Begriffe, Gegenstände und Personen wecken starke Gefühle. Sie wirken wie bei pawlowschen Hunden: umgehend und zuverlässig. Sprechen Sie Begriffe wie die folgenden aus, und Sie erhalten umgehend einen Schwall intensiver Gefühle.

- Badezimmer
- Erziehung
- Ferienjob
- Gartenarbeit
- Haarschnitt
- Hausaufgaben
- Ordnung
- Pflichten
- Pubertät
- Schule
- Taschengeld
- Zeugnis

Auch die Erwähnung von Gegenständen, etwa den folgenden, löst regelmäßig heftigste Reaktionen aus:

- Mülleimer
- Spülmaschine
- Staubtuch
- Handy
- Wohnungsschlüssel
- Klodeckel
- Staubsauger
- Putzeimer
- Monatskarte
- Wäschekorb

Als besonders stimmungsfördernd erweisen sich außerdem folgende Personen und Personengruppen:

- Allerbeste Freundinnen
- Brüder
- Der erste Freund
- Ex-allerbeste Freundinnen
- Filmstars
- Lehrer
- Mütter
- Popstars
- Schuldirektor
- Schwestern
- Sportler
- Väter

Wenn Sie unter den Gefühlsausbrüchen Ihres Sprösslings leiden sollten und er gleichzeitig wenig mit Ihnen spricht, seien Sie unbesorgt: Bis zu 80 Prozent der zwischenmenschlichen Kommunikation geschieht nonverbal, also ohne Worte. Sie haben, ohne dass Sie es bisher wussten, einen nonverbal sehr mitteilsamen Pubertisten, da er in der Regel bestens in der Lage ist, seine Gefühle spontan in Aktionen, Grimassen und Verhaltensweisen auszudrücken.

Um die nichts ahnende Umwelt auf die teenagertypische nonverbale Kommunikation vorzubereiten und sich selbst immer wieder daran zu erinnern, schlägt die Verhaltensbiologin Gabriele Haug-Schnabel vor, Teenager mit einem erklärenden Button auszustatten: »Wegen Umbau im Gehirn ist in folgenden Bereichen mit Behinderung zu rechnen: Umgang mit Gefühlen, Impulskontrolle, Handlungsplanung. Danke für Ihr Verständnis.«

GEFÜHLE ANGEMESSEN AUSDRÜCKEN

Sowohl Jugendliche als auch Eltern können ein Lied davon singen, wie in der Pubertät die Gefühle hochkochen. Durch Freude oder durch Unzufriedenheit, Traurigkeit oder Angst werden Bedürfnisse und Anliegen ausgedrückt. Nicht die Gefühle sind falsch, sondern oft der Umgang mit ihnen. Jugendliche und Erwachsene sollten lernen, Gefühle durch Worte auszudrücken, nicht durch Aktionen wie Schreien, Ausrasten oder Gewalt. Hierzu reichen schon zutreffende 3-Wort-Sätze wie »Ich bin sauer (ärgerlich, enttäuscht)!«. Fragen Sie sich selbst oder den Teenager: »Welches Gefühl hast du jetzt? Versuche es zu beschreiben!«

Große **Emotionen**

Wenn Emotionen die Überbringer von Anliegen sind, versuchen Sie die hinter den Gefühlen verborgenen Wünsche aufzuspüren. Ein Beispiel: Sie regen sich über die Unpünktlichkeit Ihres Nachwuchses auf. Dann können Sie sich fragen: »Wieso reagiere ich so?« Vielleicht entdecken Sie bei sich das Bedürfnis nach Verlässlichkeit und Respekt, das Ihnen besonders wichtig ist. Helfen Sie auch Ihrem Teenager, seine Gefühle und die dahinterstehenden Bedürfnisse zur Sprache zu bringen. Beschreiben Sie Ihre Beobachtung, indem Sie sich in die Situation Ihres Kindes einfühlen: »Du bist vom Sport zufrieden nach Hause gekommen. Habt ihr gewonnen und anschließend noch gefeiert?« Vermeiden Sie dabei Bewertungen wie »Du bist rücksichtslos«, formulieren aber klar Ihre Wünsche für die Zukunft: »Da ich mich sorge, wünsche ich mir, dass du das nächste Mal pünktlich bist oder mich anrufst.«

Um mit aufsteigenden Gefühlen umgehen zu können, helfen Jugendlichen und Eltern die folgenden Tipps:

❯ Mehrfach tief einatmen und dann langsam ausatmen, gleichzeitig kann man von eins bis zehn zählen.

❯ Eine Auszeit nehmen, um Abstand zu dem Konflikt zu gewinnen und sich zu beruhigen.

❯ Ein in einer ruhigen Minute vereinbartes Geheimwort aussprechen, um dem Gegenüber mitzuteilen, dass man kurz davor ist, auszurasten: zum Beispiel »Vulkan«, »Break« oder »Gaga«.

❯ Gefühle herauslassen: Manchmal hilft es, angestaute Wut durch Anbrüllen von Gegenständen oder Pflanzen (Kissen, Wände, Bäume) im eigenen Zimmer oder in der Natur herauszulassen.

❯ Bewegung beruhigt, baut Stresshormone und Spannungen ab: ein Spaziergang, eine Runde Radfahren oder Tischtennis.

Fragen Sie sich, welche Möglichkeiten auch für Sie als Eltern hilfreich sein könnten. Reden Sie mit Ihrem Teenager über eine gute Strategie, mit seinen Wutausbrüchen umzugehen. Probieren Sie die besten Möglichkeiten aus, wobei gilt: Selbst kleine Schritte in die richtige Richtung bringen Sie weiter.

KÖRPERHYGIENE FÜR ANFÄNGER

Finden Sie es unfein und abstoßend, wenn Ihr 13-jähriger Teenager verstärkt nach Schweiß riecht? Bei aller Liebe: Diese Reaktion ist normal. Dabei handelt es sich eigentlich um eine gute Nachricht für Sie: Die Pubertät hat in Ihrer Familie Einzug gehalten. Andererseits ist dieser Befund auf den ersten Blick nicht besonders attraktiv, da man hiermit im Bekannten- und Familienkreis kaum punkten kann. Der strenge Schweißgeruch des Nachwuchses oder fettige Haare sind als Gesprächsmotiv bei Freunden und Verwandten nur bedingt interessant und angesagt. Immerhin: Wenn Ihr Sprössling nach dem Duschen oder Baden unbedingt wieder die verschwitzte Unterwäsche, die stinkenden Socken oder die schmutzige Jeans anziehen will, schont das die Umwelt – schließlich ist es besser, wenn nur die Mutter und nicht das Klima umkippt. Außerdem wird so das Leben von mindestens zwei Delfinen gerettet.

Körperhygiene für Anfänger

Badezimmer: Boykott und Blockade

Vielleicht ist es nur die Abneigung gegen Wasser, die einen Teenager davon abhält, sich zu waschen und annehmbar zu riechen. Für männliche Pubertisten gibt es anfangs nur eines, das schlimmer ist, als abends das Badezimmer zu betreten, nämlich es auch morgens benutzen zu müssen. Für weibliche Pubertisten hingegen ist nichts schlimmer, als sich nur abends und morgens im Bad aufhalten zu dürfen. Im Laufe der Zeit aber folgen männliche Heranwachsende dem weiblichen Beispiel. **Um Jungpubertisten ins Bad zu locken, müssen Sie die Umgebung jugendgemäß vorbereiten.** Die Vielfalt an Möglichkeiten und Produkten bringt Teenager dazu, sich stundenlang im Bad zu verschanzen. Beklagen Sie sich nicht darüber, denn schließlich haben Sie ja selbst Ihren wasserscheuen Pubertisten zu mehr Hygiene gezwungen. Im 3-Sterne-Pubertistenbad sollte Folgendes jederzeit griffbereit sein:

CHECKLISTE

BADEZIMMER-GRUNDAUSSTATTUNG

- ☐ Achselhaarentferner
- ☐ Bürsten
- ☐ Cremes
- ☐ Deos
- ☐ Flüssigseife
- ☐ Föhn
- ☐ Gesichtswasser
- ☐ Haarfärbeschaum
- ☐ Haarfestiger
- ☐ Haargel
- ☐ Handtücher
- ☐ Kämme
- ☐ Kosmetik
- ☐ Lippenstift
- ☐ Nagelpflegeset
- ☐ Parfüms
- ☐ Pickelcremes
- ☐ Rasierschaum
- ☐ Rasierwasser
- ☐ Reinigungstücher
- ☐ Shampoos
- ☐ Vergrößerungsspiegel
- ☐ Wattestäbchen

Seien Sie nicht erstaunt, wenn Sie nach ein paar Stunden das Bad in Augenschein nehmen: große Wasserlachen, Haare im Abfluss, leere Shampooflaschen, Rasierschaumreste, Zahnpastaspuren am Spiegel, offene Cremedosen, Haargel im Waschbecken und Schaumfestiger an den Kacheln. Dazu türmen sich auf dem Boden Berge von nassen Handtüchern sowie große Mengen an Schmutzwäsche. Die Cremes, Lippenstifte, Haarsprays, Lidschatten, Haarfärbemittel und Parfüms der Mutter wurden ebenso intensiv getestet und aufgebraucht wie der Rasierschaum und das Rasierwasser des Vaters. Ihr Teenager möchte Ihnen damit beweisen, dass er Ihrer Forderung nach mehr Sauberkeit und Hygiene gewissenhaft nachkommt und sich dabei an Ihrem Vorbild orientiert.

Vorsicht: Wenn Ihr Nachwuchs schließlich frisch gestylt, grell geschminkt, mit sehenswerter Frisur und in bizarren Klamotten wieder auf der Bildfläche erscheint, wären Lob und überschwängliche Begeisterung die falschesten aller Reaktionen. Teenager wollen ihrer Clique gefallen und nicht den Erwachsenen, schon gar nicht den Eltern. Auch wenn es schwerfällt: Bemühen Sie sich gefälligst um Gleichgültigkeit und Desinteresse. Nur auf Nachfrage ist ein lockeres »Du siehst ganz gut aus« oder »Ist schon okay« angebracht. Zu einer Wohlfühlpubertät braucht man Eltern, welche die Spielregeln beherrschen. Dazu gehört auch das Bemühen um ein gechilltes, cooles Alltagsverhalten, wenn schon Unsichtbarkeit in den eigenen vier Wänden nicht immer möglich ist.

> » Wasser ist eine farblose Flüssigkeit, die schwarz wird, wenn man sein Gesicht darin wäscht. «
>
> Mickey Mouse | Zeichentrickikone, *1928

Körperhygiene für Anfänger

KÖRPERPFLEGE OHNE STRESS

Durch die zunehmende Hormonproduktion bekommen Teenager fettige Haut und Haare. Außerdem schwitzen sie schneller, was auch durch die Umbauten im Gehirn bedingt ist, durch die schneller Stresshormone ausgeschüttet werden. Der Schweiß riecht jetzt zudem intensiver, vor allem bei Jungen. Abhilfe schaffen nur Körperhygiene und häufiges Wechseln der Kleidung. Hierbei brauchen Jugendliche Unterstützung. »Die meisten Menschen können sich erst mit 14 oder 15 Jahren automatisiert und ohne Kontrollnotwendigkeit die Zähne putzen und duschen«, sagt der Kinder- und Jugendpsychiater Michael Winterhoff. Eltern sollten den Jugendlichen die wichtigsten Regeln und Fragen zur Körperpflege erklären. Treffen Sie Abmachungen, dass zum Beispiel vor der Schule und nach dem Sport geduscht und die Unterwäsche täglich gewechselt wird. Die Konsequenzen sollten klar benannt werden, zum Beispiel muss unter Umständen das nächste Training ausfallen.

Badezimmerregeln

Meist verbringen Jugendliche viel Zeit im Badezimmer, um sich zu stylen und mit dem Aussehen zu experimentieren. In der Pubertät sollten Sie die Privat- und Intimsphäre besonders respektieren. Vereinbaren Sie, dass jeder eine bestimmte Zeit im Bad zur Verfügung hat. Bei Töchtern empfiehlt sich ein eigener Spiegel samt Ablage oder ein Schminktisch im Zimmer. Bestehen Sie auf Badezimmerregeln wie diesen:

- Die Badewanne oder die Duschwanne nach jeder Benutzung wieder ordentlich reinigen.
- Das Waschbecken und den Spiegel von Zahnpastaresten befreien.
- Wäsche und schmutzige Handtücher in den Wäschekorb legen.
- Toilette von »Bremsspuren« säubern und Klodeckel schließen.
- Leere Toilettenrollen entsorgen und Toilettenpapier auffüllen.

COOLE KLAMOTTEN: KLEIDER MACHEN LEUTE

Nichts ist für Teenager so wichtig wie das richtige Outfit, wobei der Laufsteg direkt vor der Haustür beginnt. Wenn der lässige Testosteronbomber einer aufgetakelten Östrogenzicke interessiert hinterherschaut, dann ist es für jede Pubertistin ein gelungener Tag. Daran sollten Sie anknüpfen. Klamotten sind für Sie als Pubertistenflüsterer jedenfalls das bequemste und einfachste Mittel, Ihrem Halbstarken zu erlauben, sich von Ihnen abzugrenzen, zu provozieren und die Revolte zu üben.

Spielen Sie mit und übernehmen Sie die dankbare Rolle der Geschmackspolizei. Entrüsten Sie sich dabei ausreichend über die Kleidung und das Aussehen Ihres Sprösslings. Hierzu empfehlen wir Ihnen erprobte Standard-Meckersprüche: Klassiker, die Sie bereits von Ihren Eltern zu hören bekommen haben und die Sie nun endlich an Ihren Teenager weitergeben können.

STANDARD-MECKERSPRÜCHE (MODE)
- »Wie siehst du denn wieder aus?«
- »Du bist so hübsch. Musst du dich so verschandeln?«
- »Ist das etwa meine Hose, die du da trägst?«
- »Du siehst aus wie von der Müllkippe.«
- »So willst du doch nicht etwa aus der Wohnung gehen?«
- »Hast du wenigstens saubere Unterwäsche an?«
- »Willst du etwa so herumlaufen?«

Ihre Beratung ist gefragt!

Kleidung ist ein sehr sensibles Thema: Es gibt Jugendliche, die bekleidungstechnisch im Kindergartenstil oder Schuluniformoutfit auf die Straße gehen wollen. Hier sind Sie als Modeberater gefragt, wenn Sie nicht wollen, dass Ihr unbedarfter Sprössling in der Schule als uncool, peinlich oder extrem asozial angesehen wird.
Vielleicht überrascht es Sie: Für Jungs gelten viel strengere Regeln als für Mädchen. Deshalb haben wir die wichtigsten für Sie in der folgenden Liste zusammengefasst.

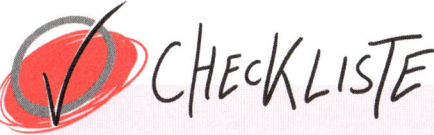

KLAMOTTEN FÜR JUNGEN

❯ Unabhängig von der Körpergröße müssen alle Kleidungsstücke XXL und größer sein.
❯ Die Ärmel von Shirts und Pullis sollten weit über die Hände reichen.
❯ Bei der Hose muss der Bund knapp über der Po-Ritze sitzen und bis in die Kniekehlen herunterhängen. Bevor Sie viel Geld ausgeben, schauen Sie sich in der Altkleidersammlung nach passenden Stücken um.
❯ Mehrere Schichten werden übereinander getragen: ein T-Shirt, darüber ein ellenlanger Pulli, eine etwas kürzere Jeansweste und dann eine Jacke. Da Pubertisten keine Temperaturfühler besitzen, wird diese Kleidung sommers wie winters getragen.
❯ Je billiger die Kleidung, desto teurer das Markenschuhwerk. Schuhmäßig ist Ihr Teenager mit Sneakers im Preissegment von 200 € aufwärts standesgemäß ausgestattet.
❯ Accessoires: Basecaps, Stirnbänder und Kapuzen gehören ebenso zur Standardausrüstung wie silberne Gangsta-Rapper-Ketten und Ohrringe.

Damit seine sorgfältig zusammengestellte Ausstattung auch richtig zur Geltung kommt, üben Sie nun noch mit Ihrem Sohn einen schlurfenden Gang mit abgehackten Armbewegungen ein.
Auch die Frisur ist ausgesprochen wichtig: Wir raten zu einer betonierten Bed-Head-Frisur oder dem Seitenscheitel mit über die Stirn gezimmertem Deckhaar, der dazu zwingt, den Kopf stets ein bisschen schief zu halten. Dank dieser Anregungen sieht ihr Pubertist jetzt voll cool und bombe aus.

Mädchen: ganz pflegeleicht

Bei Mädchen ist die Kleiderfrage meist völlig unkompliziert.

Auch wenn es Sie überrascht: Felljacken, Bundeswehrparka, Hotpants, Schlaghosen, Häkelpullis und bestickte Hosen sind für die Jugend seit kurzem nicht mehr in Mode. Bevor Sie mit Ihrer Tochter auf Shoppingtour gehen, lassen Sie sich von aktuellen Musikvideos oder Mädchenzeitschriften inspirieren. So können Sie bald die wichtigsten Styles wie Miss Perfect, Hippie, Punk, Prinzessin, Skaterin, Schlampe, Rapperin und Normalotussi unterscheiden.

Bei Töchtern ist es beliebt, wenn Sie regelmäßig Kleidungsstücke mitbringen. Sollte Ihre Tochter davon wider Erwarten nicht begeistert sein, begleiten Sie sie unbedingt auf ihrer Shoppingrunde, da sie in Outfit- und Stylingfragen mütterlichen Rat bevorzugt (auch wenn sie diesen Wunsch niemals äußern würde). Schließlich wollen Sie als Mutter vor Ihren Prosecco-Freundinnen nicht durch eine unmodisch gekleidete Tochter peinlich gemacht werden.

Beginnen Sie die gemeinsame Einkaufstour vorzugsweise in Secondhandshops, denn Qualität muss nicht immer teuer sein. Drängeln Sie sich im Textileinzelhandel mit in die Umkleidekabine und helfen Sie beim Umziehen. Halten Sie sich mit Kommentaren nicht zurück. Da Sie die wichtigste Person im Leben Ihrer Tochter sind, wünscht sie sich nichts sehnlicher als Orientierung durch Ihren fachkundigen Rat. Suchen Sie den Kontakt zum jungen Verkaufspersonal, um abzuklären, welche Klamotten für Ihre Tochter echt peinlich, emo, voll süß oder bombe sind.

Auch wenn sie es niemals zugeben wird, Ihre Tochter ist für jeden Rat dankbar. Manche Teile dürften auch Müttern gut stehen: Wie wär's mit Röhrenjeans mit Glitzersteinen, Bandeau-Top oder engem Shirt, Lackgürtel, rosa samtbesetzter Steppjacke, Hüfthose, Handtasche mit knalliger rosa Schleife, Hip-Hop-Schuhen mit glitzernden Dollarzeichen oder Lacksandalen mit Zehn-Zentimeter-Absatz? Töchter lieben Mütter, die total tussig angezogen sind. Notfalls tun es auch ein ultrakurzer Rock, ein enges Shirt mit der Aufschrift »Punk Girl« und spitze Schuhe. Das Tattoo sollte abwaschbar sein. Versagen sollten Sie sich aber Nietenhalsbänder, Netzstrümpfe, Lackstiefel mit hohen Absätzen, superknappe Tops, eine gepiercte Zunge oder Lippe. Schließlich wollen Sie sich ja nicht bei der Jugend anbiedern. Der Tag war erfolgreich, wenn Sie mit leerem Konto und vollen Einkaufstüten heimkehren.

Was die Frisur betrifft, raten wir bei Mädchen je nach Typ zur »Bochumer Palme« (auch »Assipalme«) oder dem aus dem kompletten Deckhaar bestehenden Schrägpony mit Sichtbehinderung.

> »Es gibt keine andere vernünftige Erziehung **als Vorbild sein,** wenn es nicht anders geht, ein abschreckendes.«
>
> Albert Einstein | Physiker und Nobelpreisträger, 1879–1955

MODEBERATUNG FÜR EINE ANSPRUCHSVOLLE KLIENTEL

In vielen Familien gibt es oft nervenzehrende Diskussionen über die Kleidung, die Teenager tragen. Auf der einen Seite heißt es: »So willst du rumlaufen?« Pubertisten hingegen fragen: »Soll ich das etwa anziehen?« Über kein anderes Thema geraten sich Mädchen ab etwa 9 Jahren und Jungen ab etwa 11 Jahren mit den Eltern so sehr in die Haare. Kleidung ist wichtig, weil sie Ausdruck von Persönlichkeit und Lebensgefühl ist. Sie grenzt von anderen ab, insbesondere von den Eltern. Mit Klamotten lässt sich provozieren, revoltieren, auf Abstand gehen. Vorbilder für den Stil sind die Clique, Schauspieler, Sänger oder Fernsehstars und nicht der Geschmack von Mama. Wenn Sie versuchen, einen bestimmten Kleidungsstil durchzusetzen, ist Streit vorprogrammiert, der meist zum Machtkampf ausartet. Überlassen Sie die Kleiderauswahl Ihrem Teenager, bleiben Sie aber in Kontakt, indem Sie Ihren Rat anbieten.

Die wichtigsten Modetipps in der Pubertät:

❯ Über Geschmack sollte man nicht streiten. Lassen Sie Ihrem Jugendlichen die Freiheit, sich sein Outfit selbst zusammenzustellen.

❯ Sprechen Sie trotzdem über die mögliche Wirkung von stark sexualisierter Kleidung. Verbieten Sie notfalls diese Ausstattung.

❯ Ein häufiger Streitpunkt: teure Markenkleidung. Nehmen Sie es zum Anlass, über Kleidung, Gruppendruck, Identität und Geld zu diskutieren.

❯ Sollte ihr Teenager einen sehr individuellen Geschmack haben und keine »angesagten« Sachen tragen, besprechen Sie Möglichkeiten, mit dem Gegendruck umzugehen. Stärken Sie Selbstbewusstsein und Selbstwertgefühl sowie das Bestreben, einen eigenen Stil zu entwickeln.

❯ Gehen Sie gemeinsam shoppen und lassen Sie sich die »angesagten« Klamotten zeigen. Stellen Sie einen festen Geldbetrag zur Verfügung. Bei Überschreitung muss der Jugendliche von seinem Taschengeld zuzahlen.

GUT AUSSEHEN

Eines vorab: Pubertistinnen sind generell von absolut monströser Hässlichkeit. Jedenfalls nach eigenem Urteil. Nicht nur in den häuslichen Spiegeln, sondern auch in Geschäften, in Schaufensterscheiben oder auf Fotos werden die Heranwachsenden ständig mit ihrem unterirdischen Aussehen konfrontiert: die hässlichen O-Beine, die abstehenden Ohren, die zu große Nase, die viel zu schmalen Lippen, die zu dünnen Haare und die krass auseinanderstehenden Augen. Es gibt kein Körperteil, an dem nicht zu mäkeln oder zu verzweifeln wäre. Einen Ausweg aus diesem Dilemma bietet zum Glück die Kosmetikindustrie.

Girlies kommen heute sehr früh in die Pubertät und fangen deshalb spätestens in der fünften, sechsten Klasse an, sich zu schminken. Seien Sie aber froh um die Gelegenheit, Ihre Tochter sich selbst überlassen zu können. Endlich drängt Ihnen Ihr Kind nicht mehr seine Hilfe im Haushalt beim Saubermachen, Aufräumen und Kochen auf. Endlich dürfen Sie den Müll wieder selbst runterbringen und das Katzenklo ganz in Ruhe sauber machen.

Seien Sie ein gutes Vorbild!

Bedenken Sie, die meisten Töchter wählen als Vorbild für die eigene Schönheit nicht Rihanna, Gwen, Kylie, Senna und Mandy aus dem Fernsehen, dem Internet und aus Mädchenzeitschriften, sondern ihre eigene Mutter, der sie mit Begeisterung nacheifern. Seien Sie ein gutes Vorbild! Holen Sie sich ab jetzt Ihre Anregungen fürs persönliche Styling nicht mehr aus öden Frauenzeitschriften, sondern blättern Sie in den poppig-bunten Druckerzeugnissen, die im Zimmer Ihrer Tochter verstreut liegen.

Wagen Sie sich bitte nie mehr ungeschminkt und unfrisiert aus dem Schlafzimmer. Ansonsten machen Sie Ihre Pubertistin voll peinlich vor den Augen anderer Mädchen. Oder wollen Sie bei Ihrer Tochter als schlampig und billig gelten? Auch wenn Sie den Haushalt erledigen, müssen Sie nicht auf perfektes Styling verzichten (einschließlich Stilettos, kurzem Rock, der das Gesäß betont, und Glitzerpuder im Dekolleté). Damit stellen Sie sowohl Ihre Tochter als auch Ihren Partner zufrieden und bekommen die Anerkennung, die Sie als Hausfrau oder im Beruf oft entbehren müssen.

Einen Versuch wert: Extremdiäten

Die meisten Mütter sind heutzutage erheblich schlanker als ihre pubertierenden Töchter. Es macht ihnen Spaß, mit 400 Kalorien pro Tag auszukommen. Bei Light-Suppe, Diätcola, Magermilchjoghurt und kalorienreduziertem Brot haben sie keine Mühe, die Jeansgröße 34 zu halten.

Hat Ihre Tochter mit 15 Jahren etwa noch keine Diät gemacht, obwohl das zu einem jungen, sexy Leben dazugehört? Sieht sie keine Castingshows, und weiß sie nicht, wer Heidi Klum oder Paris Hilton ist? Jetzt sind Sie gefragt: Wenn Sie wollen, dass Ihr Nachwuchs nicht die Karriere einer Pummelfee anstrebt, dann sprechen Sie die Tochter auf ihre Speckröllchen, prallen Oberschenkel, den wabbeligen Bauch und das dicke Hinterteil an.

Beim Kleidungskauf mit Ihrem Topmoppel sollten Sie die Sachen unbedingt immer eine Größe kleiner als erforderlich kaufen. Vielleicht kommt die Pubertistin dann endlich aus eigenem Antrieb auf die Idee, abzunehmen, um bald in die ersehnten Teile hineinzupassen. Lesen Sie außerdem mit Ihrer Tochter zusammen alles, was Sie in Frauenzeitschriften oder aktuellen Büchern zum Thema Diäten finden können. So machen Sie ihr die besten Diättipps der

Stars schmackhaft, wie zum Beispiel: eine halbe Grapefruit vor jeder Mahlzeit; bei Lust auf Süßigkeiten Selleriestangen essen, an denen in Honig gewendete Rosinen kleben; drei Tage pro Woche nur Rote-Bete-Suppe und gedünstete Auberginen.

Erklären Sie Ihrer Tochter, wie gefährlich bereits ein wenig Übergewicht für die Gesundheit und die Volkswirtschaft ist. Verweisen Sie darauf, dass die schönen, reichen und erfolgreichen Frauen, die Powerfrauen und Alphamädchen, fast alle dünn sind.

Bewährt: Schönheitschirurgie

In einem ästhetischen Umfeld wie dem eben empfohlenen gedeiht nicht nur der Wunsch nach einer guten Figur, sondern auch danach, die Möglichkeiten der Schönheitschirurgie wahrzunehmen: Eine Brustvergrößerung zum siebzehnten Geburtstag, eine Nasenkorrektur oder Fettabsaugung vom gesparten Taschengeld – solche Wünsche sind heute völlig normal. Ganz falsch wäre es, hier sofort Einspruch zu erheben. Im Gegenteil: Vertrauen Sie Ihrer Tochter an, dass Schönheits-OPs das Natürlichste auf der Welt sind, was bei zahlreichen Schauspielerinnen jeden Alters zu bewundern ist. Ermuntern Sie Ihre Pubertistin durch den Hinweis auf eine dann mögliche Karriere als Model oder Schauspielerin zum baldigen Eingriff. Auch die Partnersuche wird schließlich mit dem auf dem OP-Tisch optimierten Gesicht erheblich erleichtert.

> »**Mädchen** müssen eher schön sein als klug, denn **Jungen** können besser **sehen als denken.**«
>
> Graffito an einer Berliner Schulwand

EIN POSITIVES SELBSTBILD

Weil Jugendliche in der Pubertät in ihrer Selbstwahrnehmung oft verunsichert sind, ist für sie das Äußere extrem wichtig. Mit ihrem Aussehen müssen sie dem vermeintlich kritischen Urteil der Freunde, Clique, Klassenkameraden, Verwandten und Nachbarn standhalten, was bei labilem Selbstbewusstsein sehr schwierig sein kann. Wer im Teenageralter nicht die aktuell angesagte Kleidung oder Frisur hat, wer zu dünn oder zu dick ist, Pickel oder Mitesser hat, wer nicht muskulös ist oder zu viel Busen hat, der hat es oft nicht leicht. Jugendliche wollen mit ihrem Aussehen ankommen und attraktiv erscheinen, zumal in unserer Gesellschaft Äußerlichkeiten eine große Rolle spielen.

So unterstützen Sie Ihr Kind
Für Töchter ist es oft schwer, sich von ihrer Mutter abzusetzen, wenn diese sich betont jugendlich gibt. Mädchen brauchen die Bestätigung ihrer Weiblichkeit. Sagen Sie bei Gelegenheit zu Ihrer Tochter: »Mensch, du siehst wirklich toll aus!« Je weniger Selbstbewusstsein Jugendliche besitzen, desto mehr hadern sie mit ihrem Aussehen. Versuchen Sie das Selbstbewusstsein Ihres Teenies zu stärken und nutzen Sie zum Beispiel Filme oder die Lieblingsserie als Gelegenheit für ein Gespräch über Schönheit, Geschmack, Individualität und Aussehen. Wir wollen das komplexe Problem Diätenwahn und Magersucht hier nicht ausführlich behandeln, aber für viele Jugendliche stellt tatsächliches Übergewicht ein großes Problem dar. Betreiben Sie Ursachenforschung: Kompensiert Ihr Jugendlicher mit dem Essen Probleme, Stress oder Kummer? Finden Sie gemeinsam Wege, das Übergewicht abzubauen. Vielleicht haben Sie ja Lust, mitzumachen und dabei selbst ein paar überflüssige Pfunde loszuwerden! Es gibt Millionen richtig leckerer Rezepte mit weniger Kalorien.

BURGER, POMMES, PIZZA: ESSEN IN DER PUBERTÄT

Es gibt einige Stereotypen, die im Zusammenhang mit dem Auftreten von Pubertisten und mit ihren Essensvorlieben immer wieder gerne aufgewärmt werden. Oft entsprechen sie der Wirklichkeit.

»Schon wieder der Fraß?«

Mittags, irgendwo in Deutschland: Krachend fällt die Haustüre ins Schloss, und schweren Schrittes bewegt sich ein Pubertist in Richtung Küche.

Mutter *(lieb)*: »Hallo, mein Schatz. Wie war's in der Schule?«

Sohn *(muffelig)*: »Halt wie immer. Blöde Frage.«

Mutter *(flötet)*: »Ich habe dir dein Lieblingsessen gekocht.«

Sohn *(nach kurzem Blick in die Töpfe)*: »Schon wieder der Fraß?« *Der zukünftige Rentenzahler rumpelt Richtung Kühlschrank.*

Mutter *(lässt den Kopf hängen)*: »Aber gestern hast du mir doch gesagt, dass du heute gerne Spaghetti essen würdest«.

Sohn: »Mit Sicherheit nicht.«

Mutter: »Ich war heute extra für dich einkaufen.«

Sohn *(vor dem vollen Kühlschrank stehend)*: »Ist ja schon wieder absolut nix zum Beißen da.«

Mutter *(mit leicht rotem Kopf)*: »Ich habe für dich aber deine Lieblingsjoghurts und Milchriegel mitgebracht.«

Sohn: »Du nervst voll.«

Mit seinen überlangen Armen angelt er sich mehrere Schokoriegel aus dem Vorratsschrank, zwei Joghurtbecher aus dem Kühlschrank und einen Löffel aus der Schublade und entschwindet Richtung Kinderzimmer. Sein Eintreffen dort wird durch laute Musik angezeigt.

Gemeinsame Mahlzeiten: für Pubertisten eine Qual

Oft ist es schwierig, mit Teenagern gemeinsam an einem Tisch zu essen. Wissenschaftler haben den Grund für diese Problematik entschlüsselt: Insgeheim schämen sich Pubertisten für ihr zwanghaftes Essverhalten und scheuen die Öffentlichkeit. Sie möchten den Mitbewohnern ihre rustikalen Tischmanieren wie Essen mit den Fingern, Fläzen auf dem Stuhl und Rülpsen nicht zumuten, die sich mit dem Eintritt in die Pubertät unausweichlich einstellen. Hierzu gehören auch der rüde Umgangston und die häufige schlechte Laune, die durch Hormonschwankungen zu erklären sind. Um Sie zu schonen, erscheint Ihr Pubertist nur unregelmäßig und oft verspätet zum Essen.

Egal, wie gelungen das Essen Ihrer Meinung nach ist: Der sich normal und gesund entwickelnde Teenager lobt nie die Auswahl und Zubereitung der Speisen. Ganz im Gegenteil. Deshalb sollten Sie sich eines merken: Die Eltern sind immer schuld. Teenager durchlaufen immer wieder Zyklen wie Pizza-, Cornflakes-, Döner- oder vegetarische Phasen, die über Tage andauern und dann plötzlich abbrechen, mit der Bemerkung »Ständig gibt's nur …«. Besonders weibliche Pubertisten schwanken zwischen Heißhunger und Diätexzessen. Immer haben sie gerade zweihundert Gramm zugenommen oder passen nicht mehr in ihre Lieblingsjeans. Jetzt raten Sie einmal, wer daran schuld ist.

Wenn Sie unbedingt Sachen wie Oliven, den liebevoll zubereiteten Sprossensalat mit Kräutern aus dem Garten oder gar eine Brennnessel-Vollkornlasagne mit Tofu essen möchten, ziehen Sie sich damit am besten in den Keller oder in den Park zurück, um den Fraß in Ruhe zu »genießen«.

Essen in der Pubertät

Völlig natürliches Verhalten

Sollten Sie so altmodisch sein, auf eine gemeinsame Mahlzeit zu bestehen, üben Sie sich bitte in Geduld und Nachsicht. Hat sich Ihr Nachwuchs schließlich aus seiner sicheren, dunklen Höhle (Zimmer) am Esstisch eingefunden, versucht er, seine Unsicherheit durch herausforderndes Verhalten zu verbergen: Egal, was es gibt, nichts schmeckt ihm. Grundsätzlich hat der Pubertist den Eindruck, dass das falsche Essen auf dem Tisch steht und die Zubereitung zudem noch misslungen ist. Doch keine Panik: Aus entwicklungspsychologischer Sicht ist dieses Verhalten sinnvoll, mussten doch unsere Vorfahren jeglicher Nahrung gegenüber misstrauisch sein, um zu überleben.

Es kann auch zu schlechter Stimmung führen, wenn der Pubertist nicht den Tisch decken durfte. Eine solche Ausgrenzung wird von sensiblen Jugendlichen als sehr schmerzhaft empfunden.

Insgesamt gilt es festzuhalten: Regelmäßige Essenszeiten widersprechen dem natürlichen Lebensrythmus und Lebensgefühl eines Jugendlichen. Entweder hat er schon vor der eigentlichen Mahlzeit den Kühlschrank geplündert, oder er steht unmittelbar nach dem Essen fünfzehn Minuten lang vor dem Kühl- oder Vorratsschrank, um sich über alles herzumachen, was er als »essbar« einstuft.

Durchdachte Vorratshaltung

Von Zeit zu Zeit, in gelegentlich auftretenden Phasen, ernährt sich der Teenager ausschließlich von Chips und Cola in seinem Zimmer. Viele Eltern rechnen es sich als ihren alleinigen Verdienst an, wenn Jugendliche ein seltsames Essverhalten an den Tag legen. Schließlich glauben sie, durch ihre miserable Erziehung und den Zwang zu gemeinsamen Mahlzeiten dazu beigetragen zu haben, dass der sensible Spross seine Probleme mit Heißhunger, Fressattacken oder Diätwahn ausdrückt. Wenn das so einfach wäre! Eltern sollten sich hier nicht mit fremden Federn schmücken: Für eine vorzeigbar schwierige und unglückliche Kindheit bedarf es meistens mehr als nur einer Lehrerin als Mutter und eines Psychologen als Vater. Auch eine Pfarrerin oder ein Arzt in der Familie sind nicht ausreichend.

Von elementarer Bedeutung für die Stimmung im Haus ist dagegen eine gelungene Vorratshaltung von Esswaren. *Die Grundnahrungsmittel des Pubertisten sollten jederzeit in größeren Mengen bereitgehalten werden.* Hierzu empfiehlt es sich, eine Extra-Tiefkühltruhe anzuschaffen, die ein Fassungsvolumen von mindestens 1000 Litern aufweist. Hier kann die auf der folgenden Liste zusammengestellte Grundausstattung gelagert werden. Ebenfalls unverzichtbar ist zu diesem Zweck ein sehr geräumiger Vorratsschrank, der in der Küche untergebracht ist und so unmittelbar vor und nach den Mahlzeiten gut erreicht werden kann.

Essen in der Pubertät

CHECKLISTE

GRUNDAUSSTATTUNG LEBENSMITTEL

Die folgenden Lebensmittel sollten Sie immer vorrätig haben.

Für die Kühltruhe:
- ☐ 10 Pizzas »Salami« oder »Spezial«
- ☐ 5 kg Hackfleisch, portionsweise abgefüllt
- ☐ 20 Packungen Eis am Stiel oder im Becher
- ☐ 10 Beutel Pommes frites

Für den Vorratsschrank:
- ☐ 10 Packungen Nudeln
- ☐ 3 Tüten superweiche Burgerbrötchen
- ☐ 3 Maxiflaschen Tomatenketchup des bevorzugten Herstellers
- ☐ 10 Tafeln Schokolade in den bevorzugten Sorten
- ☐ 10 Tüten Knabberwaren: Chips, Flips, Cracker etc.
- ☐ Kleinigkeiten für unterwegs und zwischendurch: Schokoriegel, Waffeln, Kaubonbons, Kaugummis

Für den Keller:
- ☐ 5 Kästen Cola
- ☐ 3 Kästen Limonade in verschiedenen Geschmacksrichtungen

NO-GO-LEBENSMITTEL

Strikt zu vermeiden sind hingegen Nahrungsmittel, die für Jugendliche ungesund sind. Besonders die im Folgenden aufgeführten haben in Kühlschrank und Vorratsschrank, Keller und Kühltruhe eines Haushalts, in dem Teenager leben, nichts zu suchen:
- ☐ Gemüse/Grünzeug/Salat
- ☐ Frisches Obst
- ☐ Frischer Fisch
- ☐ Vollkornprodukte
- ☐ Milch
- ☐ Oliven, Kapern & Co.

IMPULSE

ESSEN: NAHRUNGSAUFNAHME UND KOMMUNIKATION

Gemeinsame Mahlzeiten sind wichtig für das emotionale Klima in der Familie. Hierbei kommen nicht nur Gerichte, sondern auch wechselseitige Gefühle und Beziehungen auf den Tisch. Das bedeutet freilich auch, dass nicht jede Mahlzeit harmonisch verläuft, denn gemeinsames Essen ist eine »Gemeinschaftsaktion« aller Teilnehmer, die je nach Stimmungslage mal besser oder schlechter gelingt. Aber seien Sie sicher: Probleme, die bei Tisch hochkochen, sind nun mal vorhanden und würden ansonsten an anderer Stelle ausbrechen.

Trotzdem sollten gemeinsame Mahlzeiten in der Regel nicht zu Problemgesprächen oder zur weiterführenden Erziehung der Kinder genutzt werden. Lebhafte Diskussionen zu interessanten und aktuellen Themen hingegen müssen nicht ausgespart werden.

Gemeinschaftsgefühl und Zusammengehörigkeit vermitteln

Hier einige Anregungen, wie Sie die Familienmahlzeiten (wieder) zu einem erfreulichen Ereignis machen:

❯ Vereinbaren Sie trotz unterschiedlicher Zeitpläne und Essensvorlieben feste gemeinsame Mahlzeiten, zum Beispiel an bestimmten Wochentagen. Wer keinen Appetit hat, kann sich mit einem Getränk an den Tisch setzen und an der Kommunikation teilnehmen.

❯ Bieten Sie an einem bestimmten Wochentag etwas Besonderes an, wie zum Beispiel ein ausgiebiges Frühstück beziehungsweise einen Brunch am Wochenende. Auch ein kleines Nudel- oder Salatbuffet oder ein vegetarisches Buffet kommt gut an. Highlights sind außerdem Grillen mit Salatauswahl oder ein Picknick im Garten.

❯ Kochen Sie einmal wöchentlich oder monatlich gemeinsam. Jedes Familienmitglied darf sich einmal ein Gericht wünschen oder aus dem Kochbuch aussuchen. Verteilen Sie die Aufgaben anteilig: Einkaufen,

Essen in der Pubertät

Kochen, Abräumen. Das fördert das Zusammengehörigkeitsgefühl und die Wertschätzung für den, der ansonsten immer kocht.
❯ Wählen Sie beim Essen Themen, die sich nicht um Probleme drehen, sondern positive Stimmungen freisetzen: lustige Begebenheiten, Erlebnisse im Alltag und im Beruf oder in der Schule, Erinnerungen an die Kindheit oder den Urlaub und so weiter.
❯ Benimm- und Tischsitten können Sie ganz nebenbei und durch Ihr gutes Vorbild vermitteln. Geplante Restaurantbesuche sind ein guter Anlass, darüber zu sprechen und diese einzuüben. Schließlich will Ihr Teenager auch nicht »peinlich« sein und unangenehm auffallen.

Ernährungsgewohnheiten überprüfen
Unter Übergewicht leiden Teenager extrem. Wenn auch Ihr Nachwuchs zu viele Kilos mit sich herumschleppt, sollten Sie sich fragen:
❯ Isst Ihr Jugendlicher viel und zu oft Fastfood, sei es zu Hause, in Schulpausen oder unterwegs mit der Clique?
❯ Sind auch andere Familienmitglieder zu dick, sodass Gene und Familiengewohnheiten eine Rolle spielen?
❯ Was leben Sie selbst in Bezug auf Essgewohnheiten und sportliche Betätigung vor?
Um Übergewicht zu senken, ist eine Kombination aus körperlicher Bewegung und gesunder Ernährung wichtig. Informieren Sie sich über ausgewogenes, kalorienarmes Essen und regen Sie sportliche Betätigung an, sei es im Sportverein, im Fitnessstudio oder als gemeinsames Laufen oder Radfahren.
Versuchen Sie, in der täglichen Ernährung versteckte Fette, etwa in Wurst, Saucen, Käse, Puddings und Gebäck, so weit wie möglich zu meiden. Sprechen Sie darüber, wie Sie die täglichen Mahlzeiten verändern können (mehr Gemüse, kleinere Portionen), und stellen Sie gemeinsam einen Plan auf. Helfen Sie beim Einhalten des Planes und stärken Sie das Selbstbewusstsein Ihres Jugendlichen. Auch eine Kur, finanziert von der Krankenkasse, bewirkt oft Wunder.

Pubertisten auf der Piste

Erste Liebe: **das Handy**

Viele Eltern empfinden es als Zumutung, wenn sich ihr Pubertist dauernd in sein Zimmer zurückzieht und von der Außenwelt nichts wissen möchte. Hier müssen Eltern einschreiten. Bedenken Sie: Auch immer mehr Tierzüchter gehen von der Käfighaltung zur Freilandhaltung über. Was für Tiere gut ist, kann für Pubertisten nicht falsch sein. Sie haben Ihren Nachwuchs jahrelang gepflegt und liebevoll betreut, jetzt aber ist die Stunde gekommen, ihn in Diskotheken, Jugendzentren, Einkaufspassagen, Cliquen, auf Partys oder bei der besten Freundin auszuwildern.

Diese neue Aufgabe macht vielen Eltern Spaß, denn damit verbunden sind die beliebten Chauffeur- und Bereitschaftsdienste: Zu den außerhäuslichen Aktivitäten dürfen Sie Ihren Teenager kutschieren und anschließend auf den Anruf warten, von wo und zu welcher Uhrzeit der Rücktransport ansteht. Dazu bedarf es natürlich eines leistungsfähigen Handys, das Ihr Teenager immer bei sich tragen sollte. Bei den Fahrten können Sie viel Zeit im Auto mit Ihrem Kopfhörer tragenden Liebling verbringen, der neidvollen Umwelt zeigen, was für einen wohlgeratenen Pubertisten Sie haben, und zugleich unbekannte, ferne Stadtteile erkunden. Genießen Sie diese Zeit: Sie dürfen Ihren Jugendlichen meist sowohl hinbringen als auch abholen, nach dem Pfadfindermotto: »Allzeit bereit!«

TEENAGERS ERSTE LIEBE: DAS HANDY

Sie selbst können sich vielleicht gerade noch ein Leben ohne Handy vorstellen. Zur Not möglicherweise auch ein Leben ohne Teenager. Aber ein Heranwachsender ohne Handy – das ist vollkommen undenkbar. Ein Handy ist für den Pubertisten ebenso selbstverständlich und unverzichtbar wie das Taschengeld.

PUBERTISTEN AUF DER PISTE

> **»Man kann nicht nicht kommunizieren.«**
>
> Paul Watzlawick | österreichischer Kommunikationswissenschaftler, 1921–2007

Erinnern Sie sich noch an die ersten Diskussionen mit Ihrem Pubertisten über die Anschaffung eines eigenen Handys? Waren es nicht vor allem die folgenden Argumente Ihres Nachwuchses, die Sie schließlich überzeugt haben?

- »Ich bin dann immer schnell erreichbar.«
- »In Notlagen kann ich Hilfe rufen.«
- »Ich bin selbstständiger.«
- »Ihr wisst dann immer, wo ich bin.«
- »Wenn ich entführt werde, könnt ihr mich orten.«
- »Unser Festnetzanschluss ist dann nicht mehr ständig besetzt.«

Verstärkend und unwiderlegbar kam noch hinzu:

- »Alle anderen haben auch ein Handy!«

Diese Argumentationskette Ihres Teenagers hat Ihnen, nachdem Sie anfänglich noch gezögert hatten, schließlich eingeleuchtet. Im Nachhinein dürfte Ihnen jedoch klar geworden sein: Nach der Anschaffung des eigenen Handys ist Ihr Pubertist weder schneller erreichbar, noch wissen Sie jetzt immer, wo er sich aufhält. Denn entweder ist der Akku ständig leer oder das Aufladegerät ist verschwunden. Wahlweise ist das Handy ausgeschaltet, liegt zu Hause, wurde verloren oder geklaut. Ferner ist auch der heimische Festnetzanschluss jetzt nicht häufiger verfügbar als zuvor, und auf die Entführung warten Sie noch heute.

Erste Liebe: **das Handy**

Zu erreichen sind Teenager über ihr Handy wie gesagt selten oder nie. Immerhin erreichen dennoch Lebenszeichen aus einer fernen Pubertistenwelt die besorgten Eltern, wie »Ihr Gesprächspartner ist vorübergehend nicht erreichbar« und »Sie können aber nach dem Signalton eine Nachricht hinterlassen«. Gelegentlich wird sogar eine SMS an die »Basis« abgesetzt, zur Information, dass woanders übernachtet wird oder das Fahrrad geklaut wurde. Trotz der zweifelhaften Vorteile für die Eltern haben alle Jugendlichen ein Handy, das sie auch eifrig benutzen zum Fotografieren, Musikhören, für SMS und zum Telefonieren mit Freunden, seltener als Wecker. Pubertisten sind »Telefonjunkies«. Telefonieren ist ihre Passion. Dies geschieht über Handy (manchmal) oder den häuslichen Festnetzanschluss (sehr häufig). Da Heranwachsende besonders in den Vormittagsstunden viel Schlaf brauchen, gibt es für Sie als Eltern frühmorgens die Möglichkeit für eigene Telefonate. Zu dieser Uhrzeit ist auch das Mobilteil des Telefons in der Regel noch auffindbar.

Rechnungen mit 131 Cityverbindungen zu 0,092 Euro je Verbindung und 42 Anrufe in fremde Netze für jeweils 0,1235 Euro sind nun die Regel und völlig angemessen. Nicht berücksichtigt sind dabei die 221 SMS. Hinzu kommen unvermeidbare Auslandsverbindungen, um Kontakte mit Urlaubsbekanntschaften und Freunden im Austauschjahr aufrechtzuerhalten.

Der heiße Draht zur Außenwelt

Für pubertäre Teilzeit-Einsiedler hält das Telefon in der Regel den Kontakt zur Außenwelt aufrecht. Dabei geht es um weltbewegende Dinge: wer mit wem geht und warum, wer was zu wem und was wer zu wem und vor allem wie wer was zu wem gesagt hat. Auch minutenlanges Schweigen ist weit verbreitet.

Für das Erledigen der Hausaufgaben ist das Telefon ebenfalls dringend erforderlich. Denn erstens drücken sich die Lehrer nie deutlich aus, welche Aufgaben zu erledigen sind, und zweitens müssen die Ergebnisse verglichen und diskutiert werden.

Handys sind aber auch Spielzeuge und lebensnotwendige Statussymbole. Je mehr Funktionen das Handy Ihres Pubertisten hat, desto größer ist das Selbstbewusstsein des Besitzers.

Telefonkarte oder Handyvertrag?

Auch extrem mundfaule Pubertisten mutieren zu gesprächigen Dauerquasslern, wenn sie ein Handy in der Hand halten. Ohne Handy läuft gar nichts, jedenfalls für Jugendliche. Schließlich geht es um die Würde und die Rechte von Pubertisten.

Übrigens hat der unbegrenzte Handyvertrag zu Unrecht einen schlechten Ruf: Es könnten höchstens ein überzogenes Konto oder die Zwangsversteigerung des Reihenhauses drohen. Viele Eltern weichen trotzdem feige und hasenfüßig auf den faulen Kompromiss »Telefonkarte« aus. Krass ungerecht findet dies die Pubertistenschar – zu Recht. Am Ersten eines Monats entwickelt sich daher aus Protest ein einheitlich organisierter reger Handyfunkverkehr, bis alle Guthaben abtelefoniert sind. An den restlichen Tagen des Monats herrscht dafür entweder Sendepause, oder der gute, alte heimische Festnetzanschluss wird neu entdeckt. Ab dem Zweiten eines Monats dient das Handy dann ausschließlich zum Fotografieren, Musikhören oder für Spiele.

Sehr beliebt sind bei Teenagern auch wechselnde Logos und Bildschirmhintergründe sowie einfallsreiche Klingeltöne wie die Aneinanderreihung von Rülpsern. Ferner Zubehör wie plüschige Handytaschen, bunte Hüllen oder auswechselbare Cover (Oberschalen). Ein Handy will schließlich gepflegt werden.

Erste Liebe: **das Handy**

LUXUSARTIKEL ODER GEBRAUCHSGEGENSTAND?

92 % der Jugendlichen bis 19 Jahre besitzen heute ein eigenes Handy. Sie benutzen ihr Mobiltelefon jedoch anders als Erwachsene. Neben der Kontaktaufnahme mit Freunden per SMS (89 %) oder im direkten Gespräch wird gerne fotografiert (74 %) und Musik gehört (68 %). Teenager wünschen sich als Handy eine »Multimediazentrale«. Lassen Sie sich nicht davon beeindrucken. Ein Handy sollte alltagstauglich sein, robust mit einem kratzfesten Display. Auch wenn Sie Protest ernten, wählen Sie ein einfaches, kostengünstiges Modell, da Diebstahl oder Verlust einkalkuliert werden müssen. Überlegen Sie sich den Funktionsumfang (Kamera, Speicherumfang, MP3-Player, Bluetooth-Schnittstelle) und diskutieren Sie darüber, was wirklich notwendig ist.

Kostenexplosion und Missbrauch vorbeugen
Wie viel Geld darf im Monat für das Handy ausgegeben werden? Vereinbaren Sie einen Betrag, der dem Nachwuchs zur Verfügung steht. Was darüber hinausgeht, muss er selbst tragen (Taschengeld, Job, Arbeit im Haushalt). So lernen Teenager, ihr Geld einzuteilen und zu verwalten. Internet, E-Mails und MMS, das Herunterladen von Spielen, Klingeltönen und Logos können sehr kostspielig sein. Eine wirksame Kostenkontrolle bieten Prepaidkarten, die ohne Vertrag auf Guthabenbasis funktionieren. Bei der Auswahl günstiger Tarife helfen Tarifrechner im Internet. Nicht selten wird mit dem Handy Missbrauch getrieben. Aggressive SMS, Terroranrufe, heimlich aufgenommene Fotos, die dann ins Internet gestellt oder per Handy verbreitet werden, sind noch die harmloseren Dinge. Die Liste möglicher Vergehen reicht von der Anleitung zu einer Straftat bis zu unterlassener Hilfeleistung, wie beim Filmen von Gewaltszenen. Ermutigen Sie Ihr Kind, sich bei solchen Vorfällen Ihnen oder den Lehrern anzuvertrauen. Auf Seite 187 finden Sie Internettipps zum Thema.

PUBERTISTEN AUF DER PISTE

YES, WE CAN: LIEBE UND SEXUALITÄT

Irgendwann vermuten Eltern, dass ihr Sprössling das andere Geschlecht interessant findet und versucht, näheren Kontakt aufzunehmen. Falls Sie es noch nicht wussten: Es ist seit einigen Jahrzehnten unüblich, dass Jugendliche den ersten Freund beziehungsweise die erste Freundin ihren Eltern zur Begutachtung vorstellen. Oft fühlen sich aus diesem Grund besonders Mütter dazu veranlasst, in vertraulichen Gesprächen die Situation zu klären. Dabei kommt ihnen die Tatsache entgegen, dass Jugendliche zumeist bereitwillig Auskunft geben, weil sie es kaum erwarten können, über ihre erste Liebe zu sprechen.

»Wie heißt er denn?«

Dieser aufgezeichnete Dialog beleuchtet beispielhaft die Ängste und Wünsche von Eltern und Pubertisten zum Thema Sexualität.

Mutter: »Anna, alles in Ordnung bei dir, mein Schatz?«

Die Mutter vermutet, dass ihre fünfzehnjährige Tochter ihren ersten Freund hat, und versucht nun ganz beiläufig ein Gespräch darüber anzufangen.

Tochter: »Alles klaro.«

Die Tochter kennt ihre Mutter schon eine Weile und ahnt, dass diese über ihren süßen Freund reden will. Sie überlegt fieberhaft, wie sie das Gespräch am besten abblockt.

Mutter: »Weißt du, was mir in letzter Zeit aufgefallen ist?«

Sie geht ganz behutsam und einfühlsam vor.

Tochter: »Nein, was denn?«

Die Tochter möchte jetzt lieber in ihrem Zimmer chatten.

Mutter: »Irgendwie verhältst du dich anders als sonst. Dauernd telefonierst du, chattest am PC, bekommst oder sendest SMS!«

Die Mutter findet ihr Vorpirschen geschickt und gut.

Tochter: »Na und, ist das jetzt auch verboten?«

Mutter: »Dauernd stehst du vor dem Spiegel, wechselst dreimal am Tag deine Klamotten und weißt nicht, was du anziehen sollst.«

Tochter: »Überwachst du mich? Du hast wohl nichts anderes zu tun. Soll ich immer im selben Outfit herumlaufen? Außerdem habe ich nichts zum Anziehen, und mein Taschengeld reicht für nichts.«

Der Tochter ist die ganze Situation peinlich, und sie freut sich über den Nebenkriegsschauplatz Klamotten.

Mutter: »Nein, Liebling, so war das doch nicht gemeint. Natürlich überwache ich dich nicht!«

Die Mutter merkt, dass das Gespräch in die falsche Richtung läuft.

Tochter: »Und wie hast du es gemeint? Offensichtlich werde ich doch von dir ausspioniert.«

Mutter: »Ich habe den Eindruck, dass dir die Familie nicht mehr so wichtig ist und dass vielleicht etwas anderes dahintersteckt.«

Die Mutter lobt sich, wie elegant sie die Kurve bekommen hat.

Tochter: »Und was soll das sein?«

Sie denkt: »Oh, wie plump nachgefragt, unglaublich.«

Mutter: »Vielleicht ein Freund?«

Tochter: »Und wenn es so wäre. Das geht euch gar nichts an.«

Sie reagiert ganz natürlich und gemäß den Umbauten im Gehirn und den Veränderungen im Hormonhaushalt.

Mutter: »Ich will dir doch gar nichts verbieten.«

Das stimmt so nicht, aber das braucht ja keiner zu wissen.

Tochter: »Das könnt ihr auch gar nicht. Das ist meine Privatsache.«

Die Tochter ist bereit für einen Machtkampf, denn sie wird ihn gewinnen. Sie wird die Mutter so richtig auflaufen lassen.

Mutter: »Also, ich finde das ganz normal, dass ein Mädchen mit 15 Jahren einen Freund hat.«

Unehrlich: In Wirklichkeit findet sie es viel zu früh.

Tochter: »Na also, ich bin halt normal, und lass mich jetzt endlich in Ruhe. Deine Fragen törnen voll ab.«

Das Handy der Tochter zeigt eine neue SMS. Anna liest und strahlt.

Mutter: »Eine SMS von ihm?«

Tochter: »Ja, er ist so süß.«

Die Tochter ist plötzlich wie verwandelt.

Mutter: »Kenn ich ihn?«

»*O Gott, sie hat wirklich einen Freund. Hoffentlich lenkt das nicht von der Schule ab. Wir haben schon genug Probleme.*«

Tochter *(wieder patzig)*: »Nein, zum Glück nicht.«

Mutter: »Wie heißt er denn?«

Liebe und **Sexualität**

Tochter: »Er heißt Paul.«
Sie ärgert sich: »Mist, jetzt habe ich es verraten.«
Mutter: »Ein schöner Name. Sieht er gut aus?«
Die Mutter wittert ihre Chance und hakt sofort nach.
Tochter: »Nein, er ist absolut hässlich mit einem Buckel und tausend Pickeln. Mama, was stellst du für voll bescheuerte Fragen?«
Mutter: »Dann kannst du ihn ja mal einladen und uns vorstellen.«
Die Mutter findet sich sehr mutig, versucht dies aber zu verbergen, indem sie betont harmlos in Richtung Tochter schaut.
Tochter: »Wozu das denn?«
Mutter: »Ich würde ihn einfach gerne mal sehen.«
Sie schaut nicht nur harmlos, sie spricht auch betont beiläufig.
Tochter: »Um ihn auszufragen, oder? Das ist doch voll peinlich.«
Mutter: »Wo hast du ihn denn kennengelernt?«
Tochter: »Er ist auf meiner Schule.«
Den hochnäsigen, gelangweilten Tonfall hat die Tochter mit ihren Freundinnen sorgsam eingeübt.
Mutter: »In deiner Klasse?«
Tochter: »Nein, er ist zwei Klassen über mir. Er ist schon 17.«
Wieder vibriert Annas Handy, und sie liest die SMS.
Mutter: »Ist er das wieder?«
»O Gott, schon 17 Jahre. Der ist sicher sitzen geblieben.«
Tochter: »Ja, er fragt, ob ich morgen mit zur Schulfete komme.«
Mutter: »Ach, eine Schulfete? Wer kommt denn sonst noch?«
Tochter: »Weiß ich doch nicht.«
Mutter: »Aber wir holen dich ab.«
Tochter: »Aber hallo. Ich bin kein Baby mehr.«
Mutter: »Dann bist du aber spätestens um 23 Uhr zu Hause.«
Tochter: »Mama, alle anderen dürfen so lang, wie sie wollen!«
Mutter: »Wer ist denn ›alle‹?«

PUBERTISTEN AUF DER PISTE

Tochter: »Ihr braucht mich nicht abholen. Ich schlafe bei Paul.«
Mutter: »Kommt nicht infrage. Wir kennen Paul ja gar nicht.«
Gefühlszustand: Panik pur.
Tochter: »Was habt ihr denn? Ihr seid so was von spießig.«
Gefühlszustand: gut bis prächtig.
Mutter: »Also, ich fühle mich jetzt völlig überrumpelt. Aber weißt du was – ich werde mal die Eltern vom Paul anrufen.«
Woher bekommt sie jetzt nur die Telefonnummer?
Tochter: »Wenn du das tust, werde ich dir das im Leben nie vergessen. Ich schwör's, aber echt!«
Gefühlszustand: Panik pur.
Mutter: »Also, ich merke, wir kommen hier nicht weiter. Aber das Übernachten bei Paul kannst du vergessen. Das erlaube ich nicht.«
Tochter: »Du denkst gleich, dass wir miteinander schlafen wollen.«
Mutter *(hat genau das gedacht)*: »Ja, ich finde das viel zu früh.«
Tochter: »Was wäre denn, wenn wir es schon getan hätten?«
Mutter: »Sag, dass das nicht wahr ist.«
Eigentlich reichen der Mutter ihre wechseljahrebedingten Gefühlswallungen.
Tochter: »Es war so schön. Endlich keine Jungfrau mehr!«
Wieder mal kommt ihr die Teilnahme an der AG Theater zugute.
Mutter: »Ich fasse es nicht. Jetzt lüg mich nicht an. Das ist jetzt kein Spaß mehr. Habt ihr denn wenigstens verhütet?«
Die Mutter sieht sich schon auf ihr erstes Enkelkind aufpassen.
Tochter: »Nö ...!« *(Lange Pause.)* »Mama, was du gleich immer denkst. Erstens geht dich das nichts an, zweitens haben wir nicht miteinander geschlafen.«
Mutter: »Mich geht das sehr wohl etwas an. Schließlich bin ich ...«
Tochter: »Ja, ja bist du ... Jetzt lass mich in Ruhe!«
Das Handy vibriert, und die Tochter verschwindet in ihr Zimmer.

Liebe und **Sexualität**

GESPRÄCHSBEREIT SEIN

Es gibt Einfacheres, als mit Jugendlichen über Sexualität zu sprechen, zumal Eltern aus Sicht des Nachwuchses sowieso asexuelle Wesen sind. Zwar findet Aufklärung in der Schule und unter Freunden statt, trotzdem haben viele Teenager erhebliche Wissenslücken, die je nach Alter und Entwicklung angegangen werden sollten.

Wichtig ist es, gesprächsbereit zu sein. Drängen Sie keine Gespräche oder Ratschläge auf, sondern seien Sie sensibel für passende Momente oder versteckte Anfragen, um daran anzuknüpfen. So können Sie im Anschluss an einen Fernsehbericht über Teenagermütter über Verhütung, die verschiedenen Methoden und deren Vor- und Nachteile sprechen und darüber, was es bedeutet, in jungen Jahren für ein Baby Verantwortung übernehmen zu müssen. Halten Sie keine langen Vorträge und denken Sie daran, welche Fragen Sie in der Pubertät bewegt haben.

Ihre Antworten sollten ehrlich sein. Sprechen Sie darüber, dass Lust und Leidenschaft schnell für Liebe gehalten werden und wie man dies auseinanderhalten kann. Ihre Auskünfte brauchen nicht vollkommen und umfassend sein, notfalls greifen Sie das Thema später noch einmal auf. Humor und Lachen können eine verkrampfte Stimmung auflockern, die oft bei Gesprächen über Sexualität aufkommt. Erzählen Sie von eigenen Erlebnissen während der Pubertät, etwa wie Sie versuchten, sich gegen Zungenküsse zu wehren oder Ihre Mutter Sie beim Sex im Zimmer störte.

Sprechen Sie Ihre Ängste, aber auch Ihre Erwartungen in Ich-Botschaften an (siehe Seite 49). Vereinbaren Sie zum Beispiel, dass der Freund oder die Freundin bei Ihnen übernachten darf, wenn es sich um eine festere Beziehung handelt, die anderen Eltern es erlauben und beide Jugendlichen es wünschen. Eltern sollten sich nicht allzu sehr darauf verlassen, dass ihr Teenager schon weiß, was er tut.

TEENAGERS ZWEITE FAMILIE: DIE CLIQUE

Ist Ihr Teenager ein eher häuslicher Typ? Schottet er sich dauernd ab und zieht sich stundenlang in sein Zimmer zurück, wo er liest, den Inhalt seines Kleiderschranks sortiert oder mit großer Ausdauer an seinen Modellflugzeugen baut? Läuft der Computer in seinem Zimmer stets zumindest auf Stand-by? Besteht Kontakt zur Außenwelt überwiegend in Telefonaten, die sich um Arbeitstechniken am Computer oder die Deutschhausaufgabe drehen? Heißt sein Lebensmotto »Ich bin meine eigene Clique«?

Viele Heranwachsende entwickeln sich zu Einsiedlern. Das muss nicht sein: Als Pubertistenflüsterer erkennen Sie, dass hier energisches pädagogisches Einschreiten nötig ist. Helfen Sie Ihrem Teenager aus seiner Einsamkeit und Isolation heraus, indem Sie für ihn eine geeignete Gruppe anderer junger Menschen suchen. Hierzu sind einige Vorarbeiten nötig.

Eine passende Gruppe auswählen

Klären Sie vor der Kontaktaufnahme zu einer passenden Clique in einem ausführlichen Gespräch zunächst die Wünsche Ihres Pubertisten in Bezug auf Kleidungs- und Musikstil ab. Auch die weiteren gewünschten Aktivitäten sollten erfragt werden: Sucht Ihre Tochter eher eine Clique zum Reden und Lästern, oder wird vor allem gemeinsamer Party- und Discobesuch angestrebt? Bevorzugt Ihr Sohn sportliche Aktivitäten, oder hängt er lieber mit Musik ab?
Ihr Teenager kann nun außerdem noch die Wahl treffen zwischen Hoppern, Skatern, Technos, Prinzessinnen, Punks, BMXern, Girlies, Emos, Gamern oder Normalos.

Die Clique

Nachdem die Vorlieben Ihres Teenagers geklärt sind, hören Sie sich in der Nachbarschaft oder bei Bekannten um, die sicherlich die angesagten Stadtteilgangs kennen. Probieren Sie es mit einem Aushang in beliebten Szenetreffs für Jugendliche: »Nette Clique für meinen 16-jährigen Sohn gesucht zwecks ...« Besser ist es freilich, sich dorthin zu begeben, wo Jugendliche sich treffen und chillen (siehe Seite 41): in Einkaufspassagen, an Busbahnhöfen, in Diskotheken, auf öffentlichen Plätzen, in Elektronikmärkten und auf Kinderspielplätzen. Hier können Sie sich zumindest einen ersten Eindruck von der Clique verschaffen.

Gehen Sie zusammen mit Ihrem Pubertisten auf die herumlungernden Jugendlichen zu und sagen zum Beispiel: »Hallo, ich bin die Mama von Anna.« Fragen Sie nach den bevorzugten Aktivitäten der Gruppe: Wenn sich Anna regelmäßige Ausflüge zum Teenie-Textilausstatter und in Filialen von Parfümerieketten wünscht, sollte in der anvisierten Gruppe schon Interesse an Kleidung, Mode und Kosmetik bestehen, weniger an Punk, Ritzen oder Graffiti. Aber auch wenn Ihr Nachwuchs an letzteren Hobbys interessiert ist, finden sich ganz sicher passende Gruppen, die dann oft bis ins hohe Alter bestehen. Man denke nur an manche durch Illegalität zusammengeschweißte Raucherfreundschaft oder an die Motorradgang aus der Jugendzeit, die sich bis heute regelmäßig trifft.

> »Ältere Jungs, die saufen und abhängen und vor denen dann auch noch die eigenen Eltern warnen – das ist doch richtig cool.«
>
> Demi Moore | US-amerikanische Schauspielerin, *1962

Letzte Formalitäten erledigen

Besteht eine Übereinstimmung in Einstellung, Verhaltensweise und Kleidungsstil, erkundigen Sie sich, welche Formalitäten zur Aufnahme nötig sind. Jede Gruppe hat ihre eigenen Rituale, vom Beitrittsformular (Jugendfeuerwehr) über Mutproben (Schwarzfahren) zum gemeinsamen Haarschnitt (Irokese) oder Kleidung (schwarz). Nachdem Sie sich noch einige Adressen und Telefonnummern haben geben lassen, können Sie in Zukunft Ihren Pubertisten nach Gesprächen wie dem folgenden beruhigt ziehen lassen.

»Kennstdunicht«

Frisch frisiert und in Schale geworfen kommt der Pubertist aus dem Badezimmer und macht sich auf den Weg zur Wohnungstür.
Sohn: »Ich geh dann mal weg!«
Mutter: »Mit wem triffst du dich denn?«
Sohn: »Kennst du nicht.«
Jugendliche mit dem Namen »Kennstdunicht« gibt es überall. Sie sind ständig bereit, sich mit anderen Teenagern zu treffen.
Mutter: »Und wo geht ihr hin?«
Sohn: »Keine Ahnung.«
Beliebter Ort, wo Jugendliche sich gerne treffen.
Mutter: »Wann kommst du wieder?«
Sohn: »Weiß ich nicht!«
Ehrliche Antwort, da niemand weiß, wie sich der Abend entwickelt.
Mutter: »Komm nicht so spät.«
Beliebte, aber völlig sinnlose Aussage. Die Mutter weiß nun: Alles klar, ihr Teenager trifft sich wie immer mit seiner Clique vorm Einkaufszentrum und kommt irgendwann nach Hause.

Die **Clique**

SOZIALE BINDUNGEN

Der Zusammenschluss von Jugendlichen zu einer Clique ist Teil einer normalen Entwicklung in der Pubertät. In einer Gruppe können Teenager soziale Bindungen aufbauen und Gemeinschaft erleben: Die anderen haben ähnliche Schwierigkeiten mit ihren Eltern und in der Schule, sie mögen dieselbe Musik oder Mode, haben die gleichen Interessen, und man unternimmt vieles zusammen. In der Gemeinschaft fühlt man sich viel stärker als allein. Untereinander können Heranwachsende sich erproben, reden, streiten, angeben oder Unsinn machen, ohne gleich Sanktionen befürchten zu müssen. Dies ist wichtig, um sich selbst zu finden. Der Einfluss der Eltern nimmt ab, die Bedeutung der Gruppe als »zweite Familie« wächst. Wenn ein Kind klein ist, kennen Eltern meist alle seine Freunde. Das ist später bei Jugendlichen nicht mehr der Fall. Auch dies dient der Abgrenzung vom elterlichen Dunstkreis. Vielleicht bringt Ihr Teenager ja gelegentlich seine Freunde mit nach Hause, um das Wohnzimmer zu belagern und den Kühlschrank oder die Getränkekisten zu plündern. So chaotisch und stressig ein solcher Einfall von Jugendlichen in die Privatsphäre sein kann, hat er doch Vorteile: Sie können sich von den Freunden ein Bild machen und sie ein bisschen kennenlernen.

Wenn Sie den Eindruck haben, dass Ihr Kind sich in schlechter Gesellschaft befindet, dann fragen Sie Folgendes, um herauszufinden, ob Ihr Nachwuchs einem starken Gruppendruck unterliegt:

❯ Wie fühlst du dich bei dem, was deine Freunde unternehmen oder machen wollen? Hast du dir überlegt, ob du wirklich willst, was geplant ist?
❯ Welche Folgen können eure Unternehmungen haben?
❯ Wenn du Zweifel hast, kannst du dich immer an uns wenden. O. k.?

Dennoch benötigen gerade Teenager Zeit, um herauszufinden, welche Freundschaften ihren Bedürfnissen entsprechen und ihnen gut tun.

GIRLIES IM DOPPELPACK: BESTE FREUNDINNEN

Sie haben eine Tochter namens Anna, die eine beste Freundin oder weltbeste Freundin namens Lena hat, was allein noch nicht stressig ist. Die beiden telefonieren mehrfach am Tage: weil unbedingt besprochen werden muss, was Sarah zu Marie in der Pause über Anna gesagt hat. Luisa findet es außerdem voll krass, wie sich Anna an Tim heranschleimt. Das muss Lena nun mehrfach genau und immer wieder neu erzählen.

Ein Meilenstein der Pubertätsgeschichte

Die Erfindung der besten Freundin ist ein echter Fortschritt in der Pflege, Haltung und Aufzucht eines weiblichen Teenagers. Sorgen Sie unbedingt dafür, dass Ihre Tochter eine beste Freundin (BF) hat, sonst sind Sie schutzlos ihren Stimmungsschwankungen, dem Kreischen oder dem eisigen Schweigen ausgesetzt. Außerdem ersparen Sie sich auf diese Weise auch die folgenden Vorwürfe, da hierfür mit der Entdeckung der BF nur noch wenig Zeit bleibt:

- Dass Sie als Eltern versagen.
- Dass Sie das Allerletzte sind.
- Dass Sie nur fertigmachen und nörgeln können.
- Dass Sie unfähig sind, Liebe zu zeigen.

> »Ein Freund, ein guter **Freund, das ist das Schönste,** was es gibt auf der Welt.«
>
> Comedian Harmonists | Berliner Vokalensemble, 1927–1935

Beste **Freundinnen**

Für Sie als Eltern ist es ausgesprochen bequem, wenn Ihre Tochter eine beste Freundin hat. Auf diese Weise ist sie fast rund um die Uhr beschäftigt, und Sie können Ihren Hobbys wie Haushalt, Rasenmähen und der Arbeit wieder ungestört nachgehen. So müsste es ewig weitergehen! Gerade Mütter wissen allerdings um die Zeitbombe, die mit dem Auftreten einer besten Freundin tickt (siehe Seite 100).

Ob das Mädchen, mit dem Ihre Tochter zwei Drittel ihrer Zeit verbringt, eine echte beste Freundin ist, können Sie anhand der folgenden Checkliste zuverlässig überprüfen.

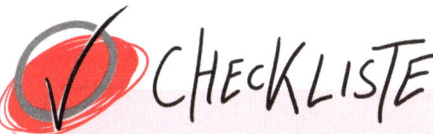

DIE BESTE FREUNDIN

Echte beste Freundinnen ...
- tratschen und lästern zu allen Tageszeiten über alles und jede(n).
- versuchen immer und überall zusammen zu sein.
- schwören sich täglich ewige Freundschaft.
- tragen die gleichen Klamotten oder tauschen sie untereinander aus.
- sinnieren stundenlang über süße Typen. Nur mit der besten Freundin macht das richtig Spaß.
- können sich miteinander wunderbar über Kleinigkeiten aufregen.
- führen gemeinsam Tagebuch über tägliche Erlebnisse, vom heimlichen Schwarm bis zum Zoff mit den Eltern.
- haben Geheimnisse miteinander.
- rufen einander mitten in der Nacht an und fragen völlig sinnlose Sachen.
- besiegeln ihre ewige Freundschaft durch Gegenstände, auf denen sie ihre Namen verewigen.
- wachen eifersüchtig über jeden Kontakt zu anderen.
- stehen gleichzeitig in Konkurrenz zueinander.

Die Ex-beste Freundin

Irgendwann stellt Ihre Tochter fest, ihre beste Freundin (siehe Seite 98) hätte sie verteidigen und es der blöden Kuh Luisa zeigen müssen. Den Abschluss des Gesprächs bildet die Feststellung »Ich hasse dich – du bist nicht mehr meine Freundin«.

Kurz darauf hinterlässt Ihre Tochter auf dem Anrufbeantworter der Ex-besten Freundin die Nachricht: »Hallo Lena, hast du schon den Schwangerschaftstest machen lassen?« Postwendend ist auf Ihrem AB zu hören: »Hallo Anna, hast du eigentlich deinen Eltern gesagt, dass du letzte Nacht nicht bei mir, sondern bei Tim warst?« So beginnt ein reger Austausch per Anrufbeantworter, der die Eltern von Anna und Lena stolz macht – haben sie doch ihren Töchtern Schlagfertigkeit und Mutterwitz mit auf den Weg gegeben.
Wenn Ihre Tochter und ihre beste Freundin plötzlich »nie mehr« miteinander reden wollen, die andere »hassen« und genau definieren können, warum; wenn sie versuchen, der anderen den Freund auszuspannen, und es genießen, wenn es ihr schlecht geht – dann wissen Sie, dass die Zeitbombe »beste Freundin« hochgegangen ist. Was übrig bleibt, ist die »Ex-beste Freundin«. Ex-beste Freundinnen verraten allen, was im Vertrauen erzählt wurde, streuen Gerüchte und Gehässigkeiten, hetzen andere Mädchen auf und bestrafen einander mit Nichtbeachtung (»Schneiden«). Sie finden die andere plötzlich hässlich und fett und sagen es auch. Gleichzeitig fühlen sich beide elend und heulen stundenlang in ihrem Zimmer.

Als Mutter wissen Sie, dass ein Zickenkrieg normal ist. Es nagt aber an Ihnen, wenn Ihre Tochter verletzt wird. Also greifen Sie ein, um zu trösten und zu unterstützen – damit am Ende bei Anna die Erkenntnis reift, dass niemand anders als Sie die allerbeste Freundin auf der Welt sein kann. Auf Sie ist immer Verlass, ein Leben lang.

EINE BESONDERE BEZIEHUNG

Die meisten Mädchen haben eine beste Freundin, mit der sie Probleme, Sorgen, Geheimnisse und Alltagsdinge besprechen. Diese Freundin wird nun sehr wichtig. Mädchen sind in dieser Phase extrem aufeinander bezogen und reagieren wie eifersüchtige Liebhaber. Was früher mit den Eltern besprochen wurde, wird nun untereinander diskutiert. Von der besten Freundin werden Vertrauen, Exklusivität, absolute Loyalität und Unterstützung erwartet. Durch diese Freundschaften lernen Teenager Vertrauen, soziale Kompetenz, Empathie, und sie entwickeln eigene Meinungen. Sie erfahren aber auch Enttäuschungen und Verrat, was fast schlimmer ist, als von einem Jungen verlassen zu werden.

Kritik zurückhaltend äußern
Gelegentlich befürchten Eltern, dass eine Mädchenfreundschaft ihrer Tochter nicht gut tut, weil sie eigene Bedürfnisse, Identität und Interessen zurückstellt und die Freundin unkritisch anhimmelt. Fragen Sie sich besonders als Mutter, wie es in Ihrer Jugend war: Wie haben Sie reagiert, wenn Ihre Eltern die beste Freundin kritisierten oder gar versuchten, sie Ihnen auszureden? Halten Sie sich mit Kommentaren und Bewertungen zurück. Signalisieren Sie jedoch die Bereitschaft für Gespräche. Kümmern Sie sich um die Interessen und Probleme Ihres Teenagers und lassen Sie den Gesprächsfaden nicht abreißen. Bei emotionalen Katastrophen wie Streit mit der Freundin oder dem Zerbrechen der Freundschaft bieten Sie gemeinsames Shoppen oder einen Friseurbesuch an, aber seien Sie vor allem eine geduldige Zuhörerin. Sollte die Freundin wirklich eine Gefahr für Ihre Tochter darstellen, etwa durch Drogenkonsum oder Kriminalität, sprechen Sie über Ihre Befürchtungen und schildern Sie Ihre Gefühle in Form von Ich-Botschaften, ohne die Freundin zu bewerten: »Ich bin der Ansicht ...«, »Auf mich wirkt sie ...«, »Ich finde ...«

»BOAH EY, DAS GEHT JA VOLL AB HIER«: PARTYS

Ein rauschendes Fest gehört zu den schönsten Dingen im Leben und bleibt lange in Erinnerung. Man soll die Feste feiern, wie sie fallen: Geburtstag, Karneval, Sommerfest, Weihnachten, Ostern, Silvester, den Geburtstag des Goldhamsters …

Um Feiern einen angemessenen Rahmen zu verleihen, möchten wir Ihnen und Ihrem Sprössling Anregungen geben: Tipps für die Organisation, Vorbereitung und den Ablauf, von der äußeren Gestaltung bis hin zu kulinarischen Empfehlungen.

Für Teenager ist es kein Problem, immer wieder einen Anlass zum Feiern zu finden, obwohl es Geburtstag, Weihnachten und Karneval nur einmal im Jahr gibt. Denn mit dem Eintritt ins 13. Lebensjahr ist auch wöchentlich ein besonderer Anlass ins Leben der Pubertisten getreten: das Wochenende. Wochenende und Party sind für Jugendliche dasselbe.

Partys finden zu Hause oder bei dem Ihnen bereits bekannten Freund namens »Kennst-du-nicht«, im Stadtteil »Irgendwo«, in der Straße »Weiß-ich-nicht«, und zwar von »später« bis »irgendwann« statt. Auf die Frage »Wann kommst du nach Hause?« bekommen Sie dann Antworten wie: »Wenn die Tür aufgeht.«

Wie Sie als Eltern eine solche Situation geschickt zu Ihrer Zufriedenheit auflösen können, zeigt beispielhaft der Dialog zwischen Mutter und Sohn auf den folgenden Seiten.

>> You gotta fight for your right to party! <<

Beastie Boys | Hip-Hop-Band aus New York, gegr. 1979

»Ich geh dann mal«

Der sechzehnjährige Sohn ist ausgehfertig gestylt und auf dem Sprung nach draußen. Er verhält sich besonders leise, um die Mutter nicht beim Lesen ihrer Frauenzeitschrift zu stören.

Sohn *(beiläufig und mit der Türklinke in der Hand)*: »Tschüs, ich geh dann mal.«

Mutter: »Wie, jetzt schon?«

Sohn: »Jaha. Tschüs.«

Mutter: »Bei wem findet denn nun die Party statt?«

Sohn: »Habe ich vorhin schon gesagt: Kennst du nicht.«

Mutter: »Wer kommt denn noch?«

Sohn: »Kennst du alle nicht.«

Mutter: »Und wo genau findet die Party statt?«

Sohn: »Weiß ich nicht!«

Mutter: »Wie, ›Weiß ich nicht‹? Und wie kommst du dann bitte dort hin?«

Die Mutter spürt, wie sich langsam eine gewaltige Welle von Ärger in ihr aufbaut.

Sohn: »Ich fahre mit Niklas.«

Mutter: »Aha. Und was ist das für eine Party?«

Sie denkt: »Langsam reicht es mir.«

Sohn: »Da feiert einer Geburtstag.«

Er denkt: »Langsam reicht es mir.«

Mutter: »Und wie erreiche ich dich, wenn was ist?«

Sohn: »Wenn was ist, dann ruf Oma an.«

Der Sohn versucht stets die Anerkennung der Mutter zu gewinnen, hier mithilfe seines humoristischen Talents.

Mutter: »Nein, wie erreiche ich dich, mein Sohn?«

Sohn: »Ich habe seit Jahren ein Handy.«

Mutter: »Ist es aufgeladen?«
... »Am liebsten würde ich es mir zeigen lassen!«
Sohn: »Natürlich! Ist das hier eine Polizeikontrolle?«
Mutter: »Eigentlich ist es mir gar nicht recht. Ich kenne keinen auf der Feier und wo die stattfindet, kannst du auch nicht sagen. Ich werde mal Niklas Mutter anrufen und fragen, was das für eine Party ist, wenn du so mundfaul bist.«
Die Mutter greift zum Telefonhörer.
Sohn: »Mama, wenn du das tust! Du hast echt einen Kontrollzwang. Ich bin kein Kind mehr. Ich kann selbst über mich entscheiden.«
In Panik denkt er: »Woher hat sie denn die Telefonnummer?«
Mutter *(resolut)*: »Stopp, ich bin für dich verantwortlich!«
Sie würde jetzt gerne sagen: »Wann und wohin du gehst, bestimme immer noch ich.« Sie unterlässt es aber. Bravo!
Sohn: »Ich bin 16 Jahre alt und möchte bei Tim in der Mittelstraße Nummer 27 Geburtstag feiern. Reicht das? Nun zufrieden?«
Er würde jetzt gerne sagen: »Du bist die schlimmste Mutter, die ich kenne.« Er unterlässt es aber. Bravo!
Mutter: »Kein Alkohol und keine Drogen.«
Sie würde auch noch gern nach dem Hausschlüssel, der Monatskarte, dem Busfahrplan fragen, was sie aber heldenhaft unterdrückt.
Sohn: »Nein, nur Wodka und Heroin.«
Wieder die humoristische Begabung.
Mutter: »Gut, ich vertraue dir. Wann kommst du nach Hause?«
Sohn: »Wenn die Tür aufgeht. *(Pause.)* Um 12 wie immer. Tschüs.«
Er verlässt mit einem angedeuteten Kuss erleichtert die Szene.
Nach wenigen Minuten klingelt das Handy des Pubertisten, das er natürlich vergessen hat. Das Display zeigt »Niklas« an. Kurze Zeit später meldet sich »Tim«. Die Mutter lächelt zufrieden: »Na, für den Notfall reichen mir die beiden Nummern.«

Geht voll ab: **Partys**

Feiern in der Homezone

Auch in der eigenen Wohnung können Sie mit Ihrem Jugendlichen gelungene Partys planen und vorbereiten. Dazu sind nur einige wenige, ganz einfache Schritte erforderlich.

- **Einladungen richtig formulieren.** Überzeugen Sie Ihren Jugendlichen, dass handgeschriebene Einladungen auf bunten Briefkarten heute nicht mehr aktuell sind. Verweisen Sie auf die Möglichkeiten der modernen Kommunikation, wie Weitersagen, Handy oder SMS. Es reichen meist Datum und Ort als Angabe, eine Uhrzeit anzugeben ist hingegen spießig und verwirrt. Angaben zu Kleiderordnung und Mitbringseln können entfallen.
- **Für ausreichende Verbreitung der Einladungen sorgen.** Pubertisten sind sehr gastfreundlich! Als besonders erfolgreich haben sich Einladungen über die Websites für soziale Netzwerke erwiesen. Regen Sie Ihren Pubertisten an, diese Variante zu wählen, wenn Sie endlich einmal wieder volles Haus mit 200 bis 500 Gästen haben wollen, die ordentlich Schwung, Feierlaune und neue Ideen in die Party bringen.
- **Gäste mit besonderen Aufgaben.** Erinnern Sie Ihren Teenager beim Erstellen der Einladungen daran: Einer der Gäste sollte mindestens 18 Jahre alt sein, damit er bei Bedarf an der Tankstelle spätabends Nachschub an Getränken organisieren kann. Erkundigen Sie sich vorher bei der Gemeinde, ob eine entsprechende Regelung gilt, nach der ab 20 Uhr Alkohol nur noch in geringen Mengen an Reisende verkauft werden darf. In diesem Fall sollten die Getränke natürlich im Rahmen von mehreren Fahrten mit dem Auto der Eltern geholt werden.
- **Der passende Veranstaltungsort.** Pubertisten sind völlig unkompliziert und bestehen nicht auf einer festen Sitzordnung

oder Tischkarten. Für eine Party bieten sich an: Wohnzimmer, Küche, Esszimmer, Bad, Keller, Garage, Balkon, Terrasse, Garten, Einfahrt. Also jede Fläche von Haus oder Wohnung, wo Getränke, Zigaretten und Musik konsumiert werden können.

- **Offizieller Beginn.** Der klassische Zeitpunkt ist die einbrechende Dunkelheit.
- **Zubehör.** Die Dekoration der Wohnung oder des Hauses sollte, dem Anlass entsprechend, stimmungsfördernd sein. An zentraler Stelle gibt es eine Musikanlage, außerdem einen vollen Kühlschrank, trübe Beleuchtung, Getränke sowie einen Wischeimer für Erbrochenes.
- **Vorbereitungen.** Große Partyvorbereitungen sind in der Regel nicht erforderlich, denn alles ergibt sich von selbst. Für ein lockeres Zusammensein in artgerechter Chill-Atmosphäre bietet sich als Voraussetzung der Personalausweis des älteren Bruders an, der die Alkoholeinkaufstour im Discounter an der Ecke wesentlich erleichtert.
- **Verpflegung.** Lassen Sie es als Eltern nicht an Fürsorge, Begleitung und Anleitung fehlen. Gehen Sie am besten noch einmal in Ruhe die Hausbar durch und prüfen Sie, ob genug Hochprozentiges wie Edelwhisky, Wodka und Tequila vorhanden ist. Ebenso sollten ausreichend Bier, Biermischgetränke, Wein, Sekt und Cocktailzutaten zur Verfügung stehen. Nicht zuletzt müssen Sie für große Mengen Cola, Pizza, Chips, Würstchen, Toast sowie Nudel- und Kartoffelsalat sorgen.
- **Verlauf.** Eine gelungene Feier sollte aus allen Nähten platzen. Das ist die Aufgabe der »Partybreaker«: Diese gern gesehenen Gäste sind nicht eingeladen, haben aber von der Party gehört und sind sehr hilfreich, wenn eine Party ohne nennenswerte Reste von Alkoholika und Essen enden soll.

Geht voll ab: **Partys**

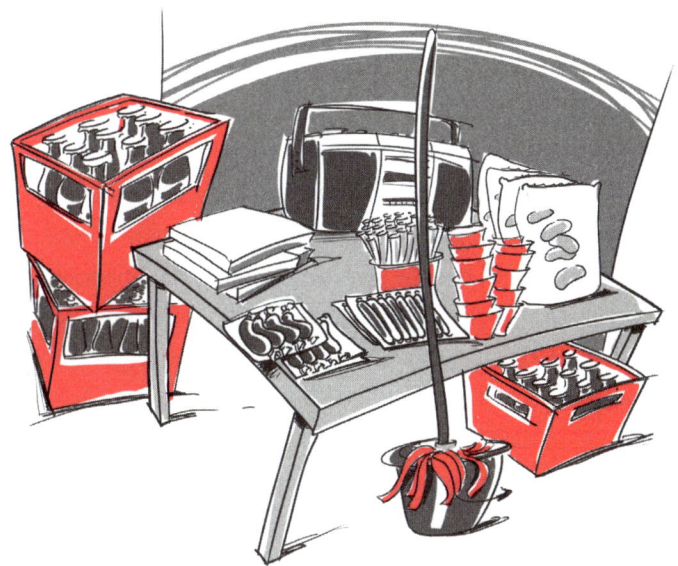

Eltern: gern gesehene Gäste

Die Anwesenheit von Erwachsenen ist bei Pubertistenpartys sehr gefragt. Haben Sie keine Sorge, dass Ihr Teenager das uncool und peinlich findet. Vielmehr wird er dankbar sein – für die Gelegenheit, Ihnen endlich seine Freunde vorstellen zu können, und dafür, Sie als sicheren Rückhalt im Hintergrund zu haben.

Wenn Sie jedoch unbedingt die Selbstständigkeit des Pubertisten fördern wollen, können Sie sich ja für ein paar Stunden entfernen. Falls Ihr Sprössling bei Ihrer Ankündigung, die Nacht in einem Hotelzimmer zu verbringen oder für einige Tage zum Shoppen nach New York oder in ein Kloster in die Provence zu fahren, schwer zu deutende Gefühlsregungen zeigt, handelt es sich wahrscheinlich um Enttäuschung und intensiven Abschiedsschmerz, die er tapfer vor Ihnen zu verbergen versucht. Auf jeden Fall wird den Jugendlichen auch ohne Ihre Begleitung letztendlich eine Feier gelingen, von der nicht nur die Nachbarschaft noch lange spricht, sondern auch die interessierte Öffentlichkeit, zum Beispiel das Jugendamt.

Partyanregungen

Da die Pubertät sich zu einer internationalen Bewegung ausgebreitet hat, werden heute überall auf der Welt Partys gefeiert. Ein typisches Beispiel für eine gelungene Feier der internationalen Partyszene war in einem Onlinemagazin zu lesen: Als ihre Eltern ein paar Tage Urlaub machten, hatte eine 17-jährige Engländerin übers Internet eine Party mit dem Motto »Lasst uns ein gewöhnliches Einfamilienhaus verwüsten« angekündigt. Der Aufruf war überaus erfolgreich: Zweihundert Teenager fielen über das Haus der Familie her. Sie stahlen Schmuck, Elektrogeräte und Geld, rissen Lampen aus der Decke, pinkelten auf das Hochzeitskleid der Mutter und erbrachen sich überall im Haus.

Nach der Feier dauerte es einen Monat, bis das Haus mithilfe einer professionellen Gebäudereinigung wieder bewohnbar war. Die Tochter des Hauses fand Zuflucht bei einer Freundin, nachdem sie sich mit ihrer Mutter auf eine »Abkühl«-Phase geeinigt hatte. Die Eltern hatten ihr vor ihrer Abreise eingeschärft, keine Freunde einzuladen und keinen Alkohol zu trinken.

Dieser Bericht aus der internationalen Partyszene setzt Standards, und Pubertisten sollten sich ernsthaft fragen: Welche Partykultur pflege ich bei mir zu Hause? Welche Anregungen kann ich gut umsetzen? Was erwarten meine Eltern von mir?

Was ist, wenn die Party eher fade verlaufen ist? Um die Eltern nicht zu enttäuschen und ihnen den Eindruck zu vermitteln, dass in ihrer Abwesenheit eine rauschende Fete gefeiert wurde, sollten Pubertisten im Morgengrauen Wohnung und Garten stilecht präparieren. Was sie dazu unbedingt erfüllen müssen, haben wir in der folgenden Checkliste zusammengefasst. Stellen Sie die Liste Ihrem Pubertisten bei der Partyvorbereitung zur Verfügung.

Geht voll ab: **Partys**

DER TAG NACH DER PARTY

☐ Essensreste werden geschmackvoll überall im Haus drapiert.
☐ Im Garten, auf der Terrasse bzw. in den Balkonkästen verteilen sich weitflächig Essbestecke, Trinkbecher und Gartenstühle.
☐ Bilder hängen schräg an der Wand.
☐ Leere Flaschen liegen überall herum.
☐ Schlafende Jugendliche liegen auf und hinter dem Sofa.
☐ Die Küche ist mit angebrochenen, locker über alle Flächen verstreuten Lebensmitteln dekoriert.
☐ Im Kühlschrank herrscht bis auf Oliven und Tofu gähnende Leere.
☐ Die Möbel sind verstellt beziehungsweise nicht mehr auffindbar.

Um sich selbst Enttäuschungen zu ersparen, erwarten Sie bitte nicht von jeder gewöhnlichen Teenagerparty katastrophale Folgen, abgesehen von dem angemessenen Lärm und Schmutz. Gerade der Lärm hat schließlich bereits genug Vorteile für die ganze Familie, da eingeschlafene Kontakte zu den Nachbarn und zur Polizei endlich wieder aufgefrischt und erneuert werden.

Auch für Sie bleibt noch etwas

Während am Morgen nach der Party der ermattete Nachwuchs noch seinen Rausch ausschläft, sammeln fürsorgliche und kluge Eltern bereits die Reste der Feier ein: angebrochene Flaschen mit Wodka, Gin, Korn und Likör oder fertig gemixter Pina Colada. Für die nächsten Wochen dürfte Ihre Hausbar gut mit hochwertigen Getränken wie Erdbeerlikör, Kräuterschnaps, Dosenbier und Whisky mit Schraubverschluss gefüllt sein, die Sie auch den Nachbarn als Versöhnungstrunk anbieten können.

PARTYREGELN

Jugendliche sind oft überfordert, wenn sie zu einer Party eingeladen haben und die Feier auszuarten droht. Um nicht als schlechte Gastgeber dazustehen, trauen sie sich meistens nicht, einzuschreiten und Nein zu sagen. Suchen Sie deshalb einige Zeit vor der Feier das Gespräch, um kritische Situationen anzusprechen, und erarbeiten Sie gemeinsam »Partyregeln«. Ihr Nachwuchs wird dann diesen Rahmen besser durchsetzen können und auf überraschende Situationen gut vorbereitet sein.

❯ Fragen Sie, welche Art von Party geplant ist.
❯ Legen Sie zusammen die Anzahl der Gäste fest. Klären Sie zugleich die Frage, wie mit ungebetenen Gästen umgegangen werden soll.
❯ Legen Sie fest, welche Räume und Gegenstände tabu sind.
❯ Vereinbaren Sie Lautstärkegrenzen und bitten Sie den Heranwachsenden, rechtzeitig vorher die Nachbarn zu informieren.
❯ Sprechen Sie über Alkohol, Zigaretten und andere Drogen.
❯ Stellen Sie klare Regeln auf in Bezug auf Altersgrenzen für Bier und Wein sowie Hochprozentiges.
❯ Wie soll man sich verhalten, wenn zum Wetttrinken aufgefordert wird?
❯ Wie ist damit umzugehen, wenn Gäste »Stoff« mitbringen?
❯ Legen Sie gemeinsam fest, wie lange die Feier gehen darf.
❯ Wer darf übernachten und wo?
❯ Besprechen Sie, ob und wie lange Sie anwesend sind beziehungsweise wo Sie erreichbar sind.

Halten Sie die Vereinbarungen schriftlich fest und unterschreiben Sie den »Vertrag« gemeinsam. Seien Sie gesprächsbereit bei der Festlegung, jedoch konsequent bei der Einhaltung der vereinbarten Regeln. Als Anreiz für die Einhaltung der Regeln könnten Sie anbieten, für die nächste Feier zu kochen, bei der Vorbereitung zu helfen oder nicht anwesend zu sein.

OHNE KICK LÄUFT NIX: **DROGEN**

Dies ist ein sehr heikles Thema, bei dem es schwer ist, den richtigen Ton zu treffen und etwas zu bewirken.

»Hauch mich mal an«

So wie hier oder ähnlich könnte sich ein mehr oder weniger gelungenes Gespräch zum Thema Drogen anhören.

Mutter: »Du kommst drei Stunden später als vereinbart heim!«
Sohn *(kichernd)*: »Hä, was, schon so spät? Hab nen Bärenhunger.«
Sohn fällt über den Kühlschrank her, vor allem über Süßigkeiten.
Mutter: »Ich habe den Eindruck, du hast nicht nur im Gras gelegen, sondern auch etwas davon geraucht. Hauch mich mal an und schau mir in die Augen!«
Sohn: »Du mit deinem ewigen Kontrollzwang. Außerdem habe ich Mundgeruch. Lass mich in Ruhe.«
Mutter: »Hast du noch nicht genug schlechte Erfahrungen damit gemacht?«
Sohn: »Chill mal, Gras wird von vielen Ärzten empfohlen gegen Rückenschmerzen, Schlaflosigkeit und in den Wechseljahren. Du solltest auch mal was davon probieren, dann wirst du lockerer.«
Mutter: »Die Nebenwirkungen wie Antriebslosigkeit, Konzentrationsstörungen und ein gestörtes Zeitgefühl hast du vergessen zu erwähnen, um nur einige Nebeneffekte zu nennen.«
Ein gutes Beispiel für nur teilweise gelungene Kommunikation: Die Mutter empfängt ihren gut gelaunten Sprössling mit spießigen und besserwisserischen Vorwürfen.
Sohn: »Jetzt habe ich vergessen, was ich sagen wollte. Außerdem ist mir schlecht.«

Mutter: »Gibt dir das nicht zu denken?«

Sohn: »So ein Blödsinn. Im Gegenteil! Gras ist doch ein Naturprodukt. Du stehst doch sonst auch immer auf Bioware. Wenn man das selbst anbaut, wird es sogar noch gesünder und ist völlig ungefährlich.«

Der Sohn ist offenbar gesundheitsbewusst und legt Wert auf qualitativ hochwertige Bioprodukte. Anscheinend hat er den grünen Daumen der Mutter geerbt und bevorzugt selbst angebaute Kräuter und Pflanzen. Der hoffnungsvolle Sprössling denkt an die Umwelt und seine Gesundheit. Er will Naturprodukte konsumieren und vielleicht sogar verbreiten. Die Mutter hingegen sperrt sich gegen dieses umweltbewusste Ansinnen. Wen wundert es da noch, dass die Verständigung zwischen den Generationen schwierig ist.

Mutter: »Wir wollen nur dein Bestes: einen Schulabschluss und Gesundheit. Dafür entschuldige ich mich in aller Form.«

Hier wird eine Ebene erreicht, die den Heranwachsenden völlig aus der Bahn reißt: Die Mutter fordert etwas ein, wofür sie sich gleichzeitig entschuldigt. Vielleicht sollte sie weniger Kräutertee zu sich nehmen.

Sohn: »Übrigens hat Onkel Horst früher auch gekifft, und es hat ihm offensichtlich nicht geschadet. Er erzählt doch immer, wie cool er drauf war.«

Mutter: »Aber dass er durch die Kifferei seinen Schulabschluss nicht geschafft hat und nur mit viel Glück und Beziehungen eine Stelle bekam, das verschweigt er immer. Die Drogen hätten beinahe sein Leben ruiniert.«

Sohn: »Aber wenn ihr am Abend euren Wein trinkt, deine Freundinnen ihren Sekt pichen oder Mentholzigaretten rauchen, das sind dann natürlich keine Drogen. Das ist absolut scheinheilig. Ihr nehmt die erlaubten Drogen zu euch, die auch noch staatlich

Der Kick: **Drogen**

unterstützt werden und an denen die da oben verdienen, aber Gras wird verteufelt, weil der Staat damit keinen Profit macht.«

Das politische Bewusstsein des Sohnes ist erstaunlich ausgereift, was womöglich auch mit der bewusstseinserweiternden Wirkung der Bio-Kräuter zu tun hat.

Mutter: »Es stimmt, dass Drogen immer schädlich sind, egal ob legal oder nicht. Aber ich kann mir nicht vorstellen, dass das Gläschen Prosecco, das ich mir gelegentlich genehmige, mir irgendwie schadet. Das ist ja sogar gut für den Kreislauf und gegen niedrigen Blutdruck.«

Sohn: »Na dann kannst du doch auch gleich einen Joint rauchen.«

Der Sohn greift hier ein bekanntes Dilemma auf: die Unterscheidung zwischen legalen und illegalen Drogen.

Mutter: »Leider sind die Nebenwirkungen eines Joints heutzutage schädlicher als der gelegentliche Konsum von Sekt und Wein. Regelmäßiger Cannabisgebrauch kann zu Psychosen und zu einer gespaltenen Persönlichkeit führen. Oft genug erweist er sich zudem als Einstieg für den Gebrauch von härteren Drogen.«

Die Mutter zeigt keinerlei Bereitschaft, das interessante Diskussionsangebot ihres Sohnes anzunehmen. Sie klingt, als hätte sie ein Handbuch für Teenagereltern auswendig gelernt, und genau das ist wahrscheinlich auch der Fall.

Sohn: »Du musst immer das letzte Wort haben.«

Wieder einmal mit seinen differenzierten Gedanken und Meinungen allein gelassen, verschwindet der Sohn in sein Zimmer.

> **»Am Morgen ein Joint, und der Tag ist dein Freund.«**

Aus dem Film »Easy Rider« von 1969

DEN ANFÄNGEN WEHREN

Die meisten weichen Drogen wie Alkohol oder Cannabis machen zwar nicht sofort abhängig, sind jedoch gefährlich, da sie längerfristig abhängig machen und die Persönlichkeit stark negativ verändern können. Sie erkennen, dass Ihr Teenager Drogen nimmt, wenn ...

› die Schulleistungen sich kurzfristig in allen Fächern verschlechtern.
› der Jugendliche sich abweisend oder ausweichend verhält.
› ihn bisherige Lieblingsbeschäftigungen und Hobbys plötzlich nicht mehr interessieren.
› das Zimmer häufig gelüftet wird.
› Geld oder Gegenstände aus der Wohnung verschwinden.
› der Freundeskreis gewechselt wird.
› der Teenager antriebslos ist und nur noch »chillen« möchte.
› die Schule oder Ausbildung regelmäßig geschwänzt werden.
› häufig Geld gefordert wird.
› Zigarettenpapier, Strohhalme, Wasserpfeifen, Whiskyflaschen, Augentropfen oder Rasierblätter im Kinderzimmer versteckt werden.
› Kaugummis oder Bonbons den Geruch von Rauch oder Alkohol überdecken sollen.

Der Gebrauch von Drogen erfolgt meistens in vier Etappen:
1. Ausprobieren. Die Droge wird von Freunden oder Bekannten angeboten. Der Reiz des Verbotenen und Neugierde lassen Teenager zugreifen.
2. Regelmäßiger Gebrauch. Die Drogen werden noch kontrolliert konsumiert, etwa freitagabends oder in einer bestimmten Clique. Die Auswirkungen: Gefühlsschwankungen, Unzuverlässigkeit, Lügen.
3. Unkontrollierter Konsum. Die Drogen werden fast täglich und in immer größeren Mengen konsumiert. Die Erinnerung an frühere Gespräche oder Handlungen ist lückenhaft, es werden Lügenmärchen

aufgetischt und Sorgen um den Drogenkonsum abgewiegelt. Hobbys, Schule, Freunde und Familie interessieren nicht mehr, und es kann zu Straftaten kommen, ebenso zu ersten körperlichen und psychischen Veränderungen.

4. Abhängigkeit. Trotz negativer Erfahrungen infolge des Drogenkonsums dreht sich nun alles um die Droge: um die Beschaffung, den ungestörten Konsum und die Verheimlichung der Abhängigkeit. Körperliche Auswirkungen werden stärker sichtbar. Typisch ist auch die wiederholte Beteuerung, aufzuhören.

Was können Sie tun?
- Zermürben Sie sich nicht mit der Schuldfrage.
- Bevor Sie das Gespräch mit Ihrem Teenager suchen, bereiten Sie sich vor, indem Sie guten Freunden Ihre eigenen Ängste und Ihre Frustrationen anvertrauen.
- Falls Sie die Droge kennen, die konsumiert wird, informieren Sie sich über ihre Wirkung, um Sachwissen zu besitzen.
- Vermeiden Sie ständige Vorwürfe und Strafandrohungen.
- Sprechen Sie den Teenager in einem entspannten Augenblick an.
- Fragen Sie nach Gründen für den Drogenkonsum (Probleme, Freundeskreis, Überforderung, Kummer, Neugier und so weiter).
- Suchen Sie gemeinsam nach Strategien, vom Rauschgift abzulassen.
- Nehmen Sie Verbindung mit einer Beratungsstelle für Suchtkranke auf (Adressen siehe Seite 188). Sie erhalten dort Informationen und Verhaltensanregungen sowie Kontakte zu Elternkreisen, wo Sie von anderen Betroffenen Informationen und Hinweise für das eigene Verhalten und den Umgang mit dem Jugendlichen bekommen.
- Bedenken Sie: Aus der Sucht muss der Teenager sich selbst befreien. Eltern können ihn dabei nur unterstützen und begleiten. Seien Sie liebevoll, aber bestimmt und eindeutig.
- Lassen Sie nicht Ihr ganzes Leben von dem Thema beherrschen, damit Sie die Kraft für Hilfestellungen besitzen.

PUBERTISTEN AUF DER PISTE

TEENAGER UND **DAS LIEBE GELD**

Jugendliche stehen heutzutage unter starkem Druck: Sie haben eine noch unverdorbene Freude am Konsum und wollen sich ihre Wünsche nach Markenklamotten, Computerspielen, Kosmetika, Handys, Laptop, Führerschein, USA-Reise oder Motorrollern schnell erfüllen. Es ist doch erfreulich, wie Teenager bereits frühzeitig gesellschaftliche Verantwortung übernehmen, indem sie versuchen, die Wirtschaft durch Konsum anzukurbeln, anstatt den Aufschwung kaputtzusparen. Zum Glück werden Pubertisten von ihren Freunden oder ihrer Clique dabei unterstützt, sich die Markenartikel, die zurzeit angesagt sind, zu wünschen oder zu kaufen.

Leider gibt es ein kleines Hindernis: Das Geld reicht nie, und besondere Gelegenheiten wie Geburtstag und Weihnachten sind selten. Wie kommt ein Teenager zu einer angemessenen Geldsumme, um seine elementarsten Bedürfnisse zu befriedigen? Beim Grübeln darüber liegt für viele Heranwachsende der Gedanke nahe: »Wozu gibt es Eltern, die jeden Monat ein dickes Gehalt bekommen?«

Berechtigte Forderungen

Da Erziehungsberechtigte erfahrungsgemäß erzieherische Gespräche mit ihrem Nachwuchs sehr schätzen, ist das Thema Taschengeld am Abendbrottisch besonders beliebt.

Teenager können sehr feinfühlig und einfallsreich sein, wenn es um ihre eigenen Interessen geht. Daher finden sie sich zu diesem besonderen Anlass bereits Minuten vor Beginn des Essens in der Küche ein, um beim Tischdecken zu helfen. Absolut verpönt ist ein Konversationsbeginn mit plumpen Forderungen wie »Ich brauche mehr Taschengeld«. Stattdessen wird das Gespräch mit unverfänglichen Bemerkungen eingeleitet wie: »Wusstet ihr schon, dass Kinder nach der auch in Deutschland gültigen UN-Kinderrechtskonvention das Recht auf einen angemessenen Lebensstandard besitzen?« Die Tonlage hierbei ist heiter bis einschmeichelnd.

Beliebt sind aber auch Gesprächseröffnungen wie »Ich habe mal ein Frage« oder »Ich bin doch jetzt schon 15«. Bei vielen Eltern beginnen spätestens jetzt die Warnblinkanlagen zu leuchten. Inzwischen beklagt der Pubertist wortreich die eigene schlechte wirtschaftliche Lage, die im krassen Widerspruch zum Alter, zur Umwelt, zum Lebensstil und zu den pubertären Lebenshaltungskosten stehe. Die Argumentationskette gipfelt in der Aussage, dass alle Freunde sehr viel mehr Taschengeld bekommen und sich alles kaufen können, was sie wollen. Nur man selbst werde unerträglich knapp gehalten und müsse darben.

Erfahrene Eltern übergehen die Forderungen nach einem pubertätstauglichen Taschengeld und verweisen auf die Chancen, die der Dienstleistungsbereich bereithält. Sie geben sogar ihre Erfahrungen als Putzfrau oder Köchin in den eigenen vier Wänden und als Gärtner oder Handwerker auf dem heimischen Anwesen weiter.

So billig lässt sich aber ein echter Pubertist nicht abspeisen, zumal er am Nachmittag lange über guten Argumenten gebrütet hat. Sein Zauberwort heißt nun »Einsparungen«. Eingespart werden könne nach seiner Meinung bei Urlaubsreisen, beim Essen, beim Wein, beim Tanken, also überall, wo er nicht direkt betroffen ist. Das spare eine Menge Geld. Die frei werdenden Mittel könnten durch Umschichtung dem Nachwuchs zur Verfügung gestellt werden, ohne dass das Budget überzogen werde. Nach diesen Ausführungen schaut der Pubertist höchst zufrieden in die Runde, denn überzeugender kann man eigentlich nicht mehr argumentieren. Jeder vernünftige Mensch müsste hier zustimmen.

Eltern: wieder mal Spielverderber

Leider haben es Eltern an sich, notorische Spielverderber zu sein. Mit einem einzigen Satz können sie gut gelaunte Jugendliche in Menschen voller Unverständnis und Ärger verwandeln: »Wie wäre es, wenn du dir eine Arbeit suchst?«

»Mein Job ist die Schule«, erwidert der Pubertist ebenso trotzig wie genervt auf diese altbekannte, meist folgenlos verhallende Forderung. Bevor die Erziehungsberechtigten nun etwas zum Thema Schule sagen können, und da gäbe es einiges, zeigt sich der Pubertist kompromissbereit und zugänglich, indem er vorschlägt, gegen Bezahlung sein Zimmer aufzuräumen, Staub zu saugen oder auch mal den Rasen zu mähen. Für 10 Euro die Stunde biete er den Eltern einen regelrechten Schnäppchenpreis für eine Arbeit an, die sonst keiner machen will. Die Mutter, ansonsten Schnäppchen durchaus nicht abgeneigt, reagiert da zur Verwunderung der ganzen Familie ein wenig schnippisch. Sie wünsche sich nun ebenfalls eine Bezahlung für Putzen, Kochen und Wäschewaschen – alles Tätigkeiten, die sonst keiner machen wolle.

Bevor die Diskussion nun völlig entgleitet, greift der Vater ein und schlägt andere Arbeiten vor, wie das Austragen des Lokalanzeigers, Babysitten oder das Auffüllen von Regalen im Supermarkt. Hier würden immer Arbeitswillige gesucht. Außerdem könne man noch bei Bedarf die Hunde der Nachbarschaft Gassi führen.

> »Arbeit ist das Fleisch im Hamburger des Lebens.«
> Ray Kroc | US-amerikanischer Fastfood-Unternehmer, 1902–1984

Doch davon will der Teenager absolut nichts wissen, schließlich werden da nur Hungerlöhne bezahlt. Zudem führt er zu Recht an, dass man die besten Jobs erst mit 18 bekomme, etwa die Nachtschicht an der Tankstelle, und dass die Schule unter der Arbeit leiden würde, weil Erholungsphasen fehlten. Gekonnt wehrt sich der Pubertist gegen Ausbeutung und die Untergrabung seiner artgemäßen Lebensbedingungen. Seine logisch aufgebaute Argumentationskette veranlasst seine geizigen Ernährer jedoch immer noch nicht zu einem Zugeständnis.

Doch damit ist das Gespräch noch nicht beendet, denn so schnell gibt sich ein Jugendlicher nicht geschlagen: »Könnt ihr mir dann nicht wenigstens 10 Euro leihen, ich gebe sie euch auch zurück!« sollte nicht als Angriff auf das elterliche Portemonnaie, sondern als Einübung in das Kreditwesen angesehen werden. Hier zeigt sich, dass der Nachwuchs ein wichtiges Prinzip der Finanzwirtschaft verstanden hat. Um wichtige Investitionen und Vorhaben zu tätigen, bedarf es manchmal der Kreditaufnahme.

TASCHENGELD: HAUPTSACHE REGELMÄSSIG

Die Kosten für ein Kind bis zum 18. Lebensjahr betragen etwa 140.000 €, wenn man Statistiken glaubt. Statt sich nun dem Gedanken hinzugeben, was Sie alles mit diesem Geld anfangen könnten, stellen Sie sich lieber die Frage, wie Sie Ihrem Nachwuchs den richtigen Umgang mit Geld beibringen. Das wichtigste Mittel dafür ist das Taschengeld. Klären Sie zunächst, welche Bereiche es abdecken soll.

Die angemessene Höhe des Taschengelds ist abhängig vom Alter des Jugendlichen, seinem Wohnort, dem Einkommen der Eltern und anderem. Bei jüngeren Teenagern sollte das Taschengeld hauptsächlich für kleine private Bedürfnisse wie etwa Zeitschriften und Snacks zur freien Verfügung stehen. Zusätzlich sollten damit aber auch Dinge des alltäglichen Lebens bezahlt werden wie Fahrgeld, Schulsachen, Shampoo oder Kleidung.

Je älter der Jugendliche, desto mehr Bereiche können über das Taschengeld abgedeckt werden. Setzen Sie sich zusammen und rechnen Sie gemeinsam aus, wie viel zusätzliches Geld insgesamt erforderlich ist. Hat Ihr Teenager Schwierigkeiten, das Geld einzuteilen, unterstützen Sie ihn, indem Sie den monatlichen Betrag in Etappen auszahlen. Oder Sie staffeln das Geld: Das eigentliche Taschengeld für kleine private Wünsche wird ohne Nachfrage ausgezahlt, kostspieligere Anschaffungen werden gemeinsam beraten.

Wichtiger als die Höhe des Taschengeldes ist aber die regelmäßige, konstante Auszahlung. Fördern Sie die Eigeninitiative im Hinblick auf kleine Jobs. Jeder zweite der elf Millionen jugendlichen Schüler hierzulande jobbt in den Sommerferien. Die Arbeit gibt Schülern Einblicke ins Berufsleben. Außerdem lernen sie, wie viel Arbeit nötig ist, um Wünsche zu bezahlen. Wie die Regelungen im Arbeitsrecht für Minderjährige aussehen, erfahren Sie unter den Adressen auf Seite 188.

»IHR SEID SO PEINLICH!«

Sie haben gelesen und von Eltern aus Ihrem Bekanntenkreis immer wieder gehört, dass es ein fester Bestandteil der Pubertät ist, die Eltern furchtbar peinlich zu finden. Nur bei Ihnen will es nicht klappen? Vielleicht machen Sie es Ihrem Pubertisten unnötig schwer, Sie doof und beschämend zu finden, indem Sie ihm nacheifern und sich als möglichst coole Erziehungsberechtigte geben. Peinlichkeitsmangel entsteht durch falsches Elternverhalten. Gehen Sie in sich und überprüfen Sie Ihr alltägliches Auftreten.

Vielleicht fühlen Sie sich als Erziehungsberechtigte überfordert, wenn Ihr Teenager Sie vor die Herausforderung stellt, ihn peinlich zu machen. Soll eine Pubertät gelingen, so müssen sich Jugendliche für ihre Eltern schämen können. Machen Sie es Ihren Kindern nicht so schwer, ihre Erzeuger unmöglich und oberpeinlich zu finden, indem Sie krampfhaft jegliche Anlässe zur Peinlichkeit vermeiden. Peinlich wird es zum Beispiel nie, wenn Sie bei geplanten Partys Ihres Teenagers bereits morgens das Haus verlassen, wenn Sie Ihre Tochter nie beim Shopping begleiten, wenn Sie niemals mit den Freunden Ihres Kindes sprechen und wenn Sie sich stets altersgemäß und unauffällig kleiden.

Bei einem solchen zurückhaltenden Auftreten fällt es verständlicherweise jedem Jugendlichen schwer, sich für das Verhalten oder das Aussehen der Eltern zu schämen. Auch wenn immer wieder das Gegenteil erzählt wird: Pubertisten wollen keine unauffälligen und verständnisvollen Väter und Mütter, die sie ständig in Ruhe lassen. Im Gegenteil: Sie lechzen danach, sich täglich die Hände vor den Kopf zu schlagen, dramatisch die Augen zu verdrehen und ihre Erziehungsberechtigten vorwurfsvoll anzusehen, um gleichzeitig entnervt zu stöhnen: »Mann, seid ihr peinlich!«

Fremdschämen will gelernt sein

Leider gibt es kaum Anleitungen und Kurse für das Entwickeln von »Fremdschämen« bei Pubertisten. Eltern sind hier vollkommen auf sich gestellt. Auch Erziehungsratgeber klammern dieses wichtige Thema gänzlich aus. Deshalb haben wir Ihnen in der folgenden Checkliste die bewährtesten und schönsten Nervtipps zusammengestellt, mit denen Sie Ihrem Teenager im Handumdrehen die Schamesröte ins Gesicht treiben können.

Wenn Sie die Punkte auf der Liste im Alltag abarbeiten, garantiert Ihnen das die Aufnahme in den »Club der oberpeinlichen Menschen«. Damit kann Ihr Jugendlicher seine Eltern endlich unmöglich finden und sich für sie anständig schämen.

Ihr seid **peinlich!**

PEINLICHES VERHALTEN IM ALLTAG

❯ Sie benutzen in der Öffentlichkeit liebevolle Kosenamen wie »Mausebärchen«, »Hase« oder »Schnuffel«.
❯ Sie säubern vor der Schuleinfahrt mit dem Spuckefinger das Pubertistengesicht.
❯ Sie verschönern das Kinderzimmer, indem Sie sich dort oft sehen lassen, wenn Freunde zu Besuch sind.
❯ Sie stellen neuen Freunden interessierte Fragen zu ihrem Privatleben und horchen sie über die Schule aus.
❯ Sie verabschieden oder begrüßen Ihren Pubertisten mit Küsschen, Umarmungen und Zurechtzupfen der Kleidung.
❯ Sie verhalten sich vor den Schulfreunden Ihres Kindes immer betont jugendlich und cool.
❯ Sie begrüßen Ihren Jugendlichen und seine Freunde lässig mit Handschlag und der Frage: »Was geht ab?«
❯ Sie ziehen sich als Mutter sportlich oder flippig an.
❯ Sie begleiten Ihre Tochter beim Shoppen.
❯ Sie bringen Ihrem Nachwuchs das vergessene Pausenbrot oder den Turnbeutel in die Schule.
❯ Sie hören im Auto Abba oder Volksmusik und singen laut mit.
❯ Sie mischen sich bei einer Jugendparty unters Volk.
❯ Sie küssen sich als Paar zärtlich in aller Öffentlichkeit.
❯ Sie beteiligen sich an Computerspielen mit Freunden.
❯ Sie liefern Ihren Pubertisten für alle gut sichtbar an der Schule ab.
❯ Sie holen Ihren Pubertisten für alle gut sichtbar vom Sport, von der Disco oder einer Party ab.
❯ Sie lassen sich öfter mal sehen und reichen Häppchen herum, wenn Ihr Teenager zu Hause eine Party feiert.
❯ Sie geben den Freunden Ihres Sprösslings Ratschläge fürs Leben mit.
❯ Sie kritisieren in der Öffentlichkeit das Verhalten des Pubertisten.

Der normale Alltag – eine Fundgrube für Peinliches

Auch wenn es auf Anhieb nicht immer klappt, derart peinliche Situationen zu schaffen, dass der Pubertist am liebsten auf der Stelle im Erdboden versinken möchte: Sie können sich entspannen, denn irgendetwas ist immer peinlich und vollkommen daneben, auch wenn Sie es gar nicht bewusst herbeiführen wollten.

Erziehungsberechtigte haben zum Glück in der Pubertät kaum eine Chance, etwas richtig zu machen. Auch wenn Sie den Mund halten oder einfach tun, was Sie immer tun: Sie treten stets von einem Fettnäpfchen ins nächste. Lehnen Sie sich also ruhig einmal zurück und schauen Sie einfach weiterhin ungeniert Ihre geliebte Kochshow, schwärmen Sie für Bratt Pitt oder singen Sie wie immer die Lieder von Udo Jürgens laut mit. Sie können dann in Ihrem Alltag mit Pubertisten ein dankbares »Oh Mann, Mama«, ein »Ist das wieder peinlich!« oder ein »Du machst mich wieder völlig unmöglich« für Ihr ungeniertes Verhalten ernten.

Sie dürfen sich schließlich als die besten aller möglichen Erziehungsberechtigten fühlen, wenn Ihr Teenager sich eines Tages eingesteht, dass es ihm sogar peinlich ist, etwas peinlich zu finden. Hier ist allerdings das Ende der Fahnenstange erreicht und keine Steigerung mehr möglich.

> »Junge Leute leiden **weniger unter eigenen Fehlern** als unter der Weisheit der Alten.«
>
> Marquis de Vauvenargues | französischer Schriftsteller, 1715–1747

Ihr seid **peinlich**!

EIN WICHTIGER ABLÖSUNGSPROZESS

Nach einer im Jahr 2008 durchgeführten Umfrage steht für pubertierende Kinder ein Küsschen in aller Öffentlichkeit auf Platz eins der Peinlichkeitshitliste. Auf Platz zwei folgt, dass Eltern beim Besuch von Freunden häufig ins Zimmer kommen und stören. In der Pubertät treten Eltern häufig von einem Fettnäpfchen ins nächste. Schon die bloße Anwesenheit der Eltern stört. Egal, was Sie sagen, Sie liegen völlig daneben und hätten lieber geschwiegen. Das empfinden Eltern häufig als sehr verletzend. Teenager wollen sich in der Pubertät von den Eltern absetzen und ihre eigene Identität entwickeln, gleichzeitig wollen sie Vater und Mutter auf ihre Tauglichkeit als Rollenvorbilder prüfen. Die Abgrenzung durch das Peinlichkeitsempfinden gehört zum normalen Ablösungsprozess und erleichtert ihn. Hinter dieser Verhaltensweise steckt keine böse Absicht. Teenager fühlen sich häufig durch Handlungen und Reaktionen der Eltern nicht ernst genommen, empfinden sie als Angriffe gegen die eigene Person und Identität. Nur wenn sie die bisher selbstverständlich vorgegebene familiäre Lebensweise infrage stellen, sind sie in der Lage, eigene Auffassungen vom Leben zu entwickeln und selbstständig zu werden.

Wann Sie Grenzen setzen und Toleranz einfordern sollten
Wenn Teenager sich nur noch ablehnend verhalten und sich gar nicht mehr mit den Eltern in der Öffentlichkeit zeigen wollen, sollten Sie einschreiten. Zeigen Sie, wie verletzend dieses Verhalten auf Sie wirkt, und forschen Sie nach den Gründen. Häufig liegen diese auf der Hand, wenn Sie die letzten Tage Revue passieren lassen. Wenn sich Ihr Kind beispielsweise für Ihre neue Jacke so sehr schämt, dass es sich nicht mehr mit Ihnen zeigen will, sollten Sie von ihm jenes tolerante Verhalten einfordern, welches auch Sie ihm gegenüber oft an den Tag legen.

Erziehung: Was geht noch?

Überlegen Sie gelegentlich, Ihren Jugendlichen zur Adoption freizugeben oder gar die Vaterschaft anzufechten? So einfach können Sie sich nicht aus der Verantwortung stehlen. Denn nach dem Grundgesetz, Artikel 6, Absatz 2, sind »Pflege und Erziehung der Kinder (...) das natürliche Recht der Eltern und die zuvörderst ihnen obliegende Pflicht«. Näheres zu Erziehungsfragen regelt übrigens das Bürgerliche Gesetzbuch (BGB). In Paragraf 1626 BGB heißt es lapidar und schlüssig: »Bei der Pflege und Erziehung berücksichtigen die Eltern die wachsende Fähigkeit und das wachsende Bedürfnis des Kindes zu selbstständigem verantwortungsbewusstem Handeln. Sie besprechen mit dem Kind, soweit es nach dessen Entwicklungsstand angezeigt ist, Fragen der elterlichen Sorge und streben Einvernehmen an.« Da die Pubertät sich bis Mitte zwanzig erstrecken kann, haben Sie noch einige Jahre lang die Gelegenheit, Ihre ehrenvollen, vom Nachwuchs dankbar angenommenen Erziehungsaufgaben gesetzestreu auszufüllen.

ELTERN SIND AN ALLEM SCHULD

Abends, nach der dritten Flasche Rotwein, dämmert es manchen Pubertistenflüsterern: Sie haben in den letzten Jahren, Monaten, Tagen und Nächten ihrem liebenswerten, folgsamen und fleißigen Pubertisten viel zu selten oder fast nie zur Verfügung gestanden. Mit dem Ergebnis müssen sie nun so gut es geht zurechtkommen.

> »Die beste Erziehung nützt nichts, hinterher machen uns die Kinder doch alles nach.«
>
> Karl Valentin | bayerischer Komiker, 1882–1948

ERZIEHUNG: WAS GEHT NOCH?

Freuen Sie sich über Schuldvorwürfe

Geben Sie es zu: Sie haben bei der Erziehung Ihres Jugendlichen erbärmlich versagt in Sachen Pickel, Schule, Gefühlschaos, Liebeskummer, Drogen, Unordnung und Jugendkriminalität. Als Dank wurde Ihnen von Ihrem Nachwuchs einfühlsam versichert: »So wie ihr will ich nie werden!«

Sie wissen noch nicht einmal, wie Sie dem halb nackten Freund Ihrer Tochter morgens korrekt im eigenen Bad begegnen sollen und wie viel Gramm Haschisch in der Hosentasche Ihres Sohnes straffrei sind? Ihre Ehe zeigt Zerrüttungserscheinungen, Ihre Lebenslust verdunstet zusehends, und Sie fühlen sich nutzlos, ratlos und erfolglos? Das liegt wahrscheinlich daran, dass Sie die miserabelsten Eltern in unserer Galaxie sind. Sie sind die Leute, vor denen Super-Nanny, Familienministerin, Wochenillustrierte und Jugendämter immer schon gewarnt haben.

Zu Ihrer Verteidigung können Sie höchstens vorbringen: Sie hatten gute Absichten und noch bessere Vorsätze.

Trotz allem sind Sie als Eltern auch für Ihren Pubertisten noch wichtig: Ohne Eltern machen die Flegeljahre keinen Spaß! Es ist ja auch keineswegs so, dass der Pubertist Ihren Einsatz nicht würdigt. Die höchste Anerkennung zeigt sich in dem Satz: »Du bist schuld.« Wenn Sie ihn zu hören bekommen, dürfen Sie sich geadelt fühlen! Sie haben offensichtlich doch das eine oder andere richtig gemacht. Es gibt nichts im Leben Ihres Teenagers, womit Sie nicht in Verbindung gebracht werden. Ist das nicht ein schönes Gefühl?

Sie als Eltern sind also grundsätzlich an allem schuld. Die folgende Checkliste enthält die wichtigsten Anklagepunkte. Wenn Sie möglichst viele davon möglichst oft zu hören bekommen, wissen Sie, dass Sie in Sachen Erziehung auf dem richtigen Weg sind.

Eltern: **an allem schuld**

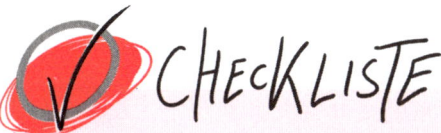

DIE WICHTIGSTEN ANKLAGEPUNKTE

Eltern, die im Großen und Ganzen alles richtig gemacht haben, sollten möglichst oft die Schuld dafür zugewiesen bekommen ...
- dass der Pubertist auf der Welt ist.
- dass es ihm nicht schmeckt.
- dass es in der Schule nicht klappt.
- dass die Konzertkarte verlegt wurde.
- dass Pickel sprießen.
- wenn Misserfolge in der Liebe oder beim Sport eintreten.
- wenn der kleine Bruder nervt.
- wenn dem Pubertisten sein Aussehen nicht gefällt.
- wenn ihr Sprössling etwas nicht findet.
- wenn gar nichts klappt.

Rufen Sie Widerstand hervor

Selbst wenn Sie als Eltern Ihr übertriebenes Harmoniebedürfnis noch so sehr an Ihrem Teenager auslassen: Der Alltag mit Pubertisten hat immer neue, spannende Herausforderungen zu bieten, da helfen auch Zimmerspringbrunnen, Räucherstäbchen und Rosenquarzlampen nicht. Es gehört einfach zu einer gelungenen Pubertät, dass Ihr Nachwuchs schon aus Prinzip dagegen ist, was immer Sie auch vorschlagen.

Wir verraten Ihnen jetzt aber einen kleinen Trick: Nutzen Sie den Widerspruchsgeist Ihres Nachwuchses! Wenn Sie etwas erreichen wollen, dann sagen Sie einfach genau das Gegenteil von dem, was Sie sich in Wirklichkeit wünschen. Wir garantieren Ihnen: Ihr Pubertist wird sofort begeistert in die Opposition gehen und damit Ihrem Wunsch folgen, ohne dass er es merkt.

So bekommen Sie stundenweise Ihre Ruhe

Auch Sie haben sich bei all dem Pubertätsstress gelegentlich ein paar ruhige Tage in Ihren eigenen vier Wänden verdient. Als Erziehungsberechtigte sollten Sie sich öfter eine Auszeit genehmigen, um sich danach wieder mit frischen Kräften dem Familienleben widmen zu können. Dafür brauchen Sie Ihren Pubertisten keineswegs gleich auf Klassenfahrt, eine teure Urlaubsreise oder zu den Großeltern zu schicken (siehe auch ab Seite 161). Schon die folgenden, einfachen Maßnahmen führen zu Friedhofsstille in der Wohnung und einem garantiert teenagerfreien Wohnzimmer:

- Waschen Sie das Lieblingskleidungsstück des Nachwuchses, ohne seine Erlaubnis einzuholen.
- Wecken Sie den Teenager 10 Minuten früher als vereinbart.
- Bestehen Sie auf der Einhaltung vereinbarter Regeln.
- Fragen Sie nach der Erledigung der Hausaufgaben.
- Weigern Sie sich, weitere Markenklamotten zu finanzieren.
- Bestehen Sie darauf, dass Ihr Teenager pünktlich um 22 Uhr von der Party zurück ist.
- »Vergessen« Sie beim wöchentlichen Großeinkauf, die vom Pubertisten bevorzugten Nahrungsmittel mitzubringen.
- Außerdem wirkungsvoll: jede Art von Verboten.

An guten Tagen können diese Maßnahmen überaus erfolgreich sein: Nach lautstarkem Protest sind Sie für Ihren Pubertisten dann nur noch Luft. Sie werden ignoriert, übersehen, geschnitten und angeschwiegen, und all das mit minimalem Aufwand. Sie können einen Abend lang in Ruhe vor dem Fernseher gammeln, Ihre CD-Sammlung ordnen, telefonieren oder ein Buch lesen. Das Schöne ist, dass dieser Zustand sich über mehrere Stunden und sogar Tage erstrecken kann. Sie sitzen endlich einmal am längeren Hebel!

Eltern: **an allem schuld**

SELBSTSTÄNDIGES PROBLEMLÖSEN FÖRDERN

Aus der Fülle der Anregungen in den klugen Erziehungsratgebern, die wir gelesen haben, hat uns eine ganz besonders gut gefallen.
Stellen Sie sich die folgenden Fragen:
> Wer hat das Problem? Um wessen Problem geht es hier eigentlich?
> Wer ist verantwortlich für das Problem: die Eltern, der Teenager oder beide gemeinsam?

Lassen Sie sich nicht die Schuld zuschieben für ein Verhalten, das Sie nicht zu verantworten haben. Es ist das Problem des Teenagers, wenn er schwarzfährt oder zu spät zur Schule kommt.
Es ist aber Ihr Problem, wenn Ihr Nachwuchs im Haushalt nicht mithilft oder ständig den Kühlschrank plündert.
Es ist ein gemeinsames Problem, wenn Gespräche zu Streitereien ausufern oder bei den Mahlzeiten schlechte Stimmung herrscht.
Wenn Sie erkannt haben, dass der Teenager der »Problemeigentümer« ist, dann hüten Sie sich davor, die Schwierigkeiten für ihn lösen zu wollen, sei es durch kluge Ratschläge oder indem Sie das Problem in die Hand nehmen. Suchen Sie stattdessen das Gespräch, in dem Sie aktiv zuhören und Fragen stellen, die zum Nachdenken anregen:
> Was ist passiert, und wie kam es dazu?
> Wie ist es dir dabei gegangen?
> Was kannst du selbst dazu beitragen, um dieses Problem zu lösen?
> Was bist du für eine Lösung zu tun bereit?
> Hast du über mögliche Konsequenzen nachgedacht?
> Gibt es Alternativen zu deinen Vorschlägen?

Bieten Sie Ihren Rat bitte erst am Ende des Gespräches an, wenn Ihr Teenager Sie um Unterstützung bittet. Lassen Sie ihn zunächst selbst nach Lösungen suchen. Auch wenn Sie die gefundene Lösung nicht optimal finden: Menschen lernen am besten aus eigenen Fehlern.

ERZIEHUNG: WAS GEHT NOCH?

THEMEN FÜR DEN FAMILIENTISCH

Oft müssen Pubertisteneltern feststellen, dass aus ihren munter drauflosplaudernden Schulkindern plötzlich mundfaule Eigenbrötler werden, die abgesehen von der nächsten Taschengelderhöhung kein Gesprächsthema zu interessieren scheint. Damit Sie die Entwicklung Ihres Nachwuchses weiter in die richtige Richtung begleiten können, sollten Sie immer wieder beiläufig die Lieblingsthemen des Jugendlichen anschneiden, wie etwa die Unordnung im Kinderzimmer, die Schule, Hausaufgaben, Mithilfe im Haushalt, Sexualität, Körperpflege, Alkoholkonsum oder Musikgeschmack. So schaffen Sie immer wieder Gelegenheiten für einen interessanten Gedankenaustausch. Sie können sicher sein, dass jedes einzelne Thema auf reges Interesse bei Ihrem Teenager stößt und Anlass zu lebhaften Diskussionen im Kreise der Familie geben wird.

Besonders zu empfehlen ist es auch, das Gespräch mit den Worten »Als ich in deinem Alter war« einzuleiten. Erzählen Sie von Telefonen mit Wählscheibe und von früheren Bundeskanzlern. Ihr Pubertist wird die vorgeschlagenen Themen dankbar aufgreifen, sodass sich am Familientisch ein reger Dialog entwickelt.

Um Ihren Pubertisten für seine Gesprächsbereitschaft eine positive Rückmeldung zu geben, können Sie sich mal auf seine sprachliche Ebene begeben. Fragen Sie zum Beispiel Ihre Tochter: »Was geht ab mit Paul? Chillt ihr noch zusammen?« Sie fühlt sich ernst genommen und erfährt von Ihnen die Anteilnahme, die sie sonst nur von stundenlangen Telefongesprächen mit Freundinnen kennt. Wundern Sie sich nicht, wenn Ihr Satz einen nicht enden wollenden Redeschwall über Paul einleitet. Im Grunde können Sie nun Ihren Gesprächsanteil auf verständnisvolles Nicken und »Hm, ja« reduzieren und dabei im Geiste Ihren Einkaufszettel durchgehen.

Am **Familientisch**

»Kennt ihr eigentlich Goethe?«

Wie Sie einen kleinen Anlass nutzen können, um mit Ihrem Pubertisten ein interessantes Gespräch über Gott und die Welt zu beginnen, zeigt beispielhaft der folgende Dialog.

Sohn: ---

Laut und vernehmlich rülpst der Pubertist in die unangenehme Stille am Esstisch hinein.

Vater: »Hallo, Tobias, musste das jetzt sein?«

Sohn: »Ja, das musste einfach raus.«

Er ist sehr zufrieden, dass sein Gesprächsangebot gleich vom Vater angenommen wurde.

Vater: »Das ist aber schlechtes Benehmen, und ich finde es einfach nur kulturlos.«

Der Vater denkt dabei an die nächste Familienfeier.

Sohn: »Willst du sagen, ich sei kulturlos?«

Während er spricht, greift die achtjährige Schwester seinen Themenvorschlag auf und versucht, ebenfalls zu rülpsen.

Vater: »Kulturlos und respektlos.«

Er denkt entnervt: »Immer muss ich einschreiten. Bin ich etwa alleinerziehend?«

Sohn: »Kennt ihr eigentlich Goethe? Der ist voll abgefahren.«

Mutter: »Natürlich kennen wir Goethe. Das ist der größte deutsche Dichter!«

Die Mutter freut sich über die Wendung, die das Gespräch nun nimmt: Die Kinder lernen anscheinend doch was in der Schule.

Sohn: »Der sagte nämlich: ›Warum furzet und rülpset ihr nicht, hat es euch nicht geschmecket?‹«

Die kleine Schwester freut sich über diese Erweiterung ihres Sprachschatzes.

ERZIEHUNG: WAS GEHT NOCH?

Vater: »Das war Martin Luther, mein Sohn.«
»*Was lernen die denn in der Schule? Unfassbar!*«
Sohn: »Ich find den echt gut.«
Mutter: »Du weißt aber, wer Martin Luther war?«
Sohn: »Na, claro, der hat auch die Neger in den USA von der Sklaverei befreit. Oder so.«
Mutter: »Du meinst jetzt Martin Luther King.«
Sohn: »Jedenfalls war der Neger und voll für die Armen.«
Vater: »Richtig, Martin Luther King war schwarz, aber ›Neger‹ ist ein Schimpfwort. Ich möchte nicht, dass du es benutzt.«
Er denkt: »Wieso muss immer ich die Verbote aussprechen? Bin ich eigentlich alleinerziehend?«
Schwester *(nachdenklich)*: »Und was ist mit dem Negerkuss? Darf ich das auch nicht mehr sagen?«
Die Tochter hängt sehr an Begriffen aus ihrer frühen Kindheit und kann sich an das Wort »Schokokuss« nur schwer gewöhnen.
Mutter: »Doch, das hat sich so eingebürgert.«
Sie freut sich schon auf die Zeit, wenn auch ihr süßes kleines Mädchen in die Pubertät kommt.
Vater: »Jedenfalls war Martin Luther unser großer Reformator.«
Bevor das Gespräch zu sehr ins Triviale abgleitet, greift der Vater das ursprüngliche Thema noch einmal auf.
Sohn: »Das ist ja geil. Und der hat solche Sprüche losgelassen.«
Der Sohn findet ab jetzt Reformatoren richtig gut und will später im Internet nach weiteren Sprüchen von Luther suchen.
Vater: »Er ist der Schöpfer unserer Sprache, was eine große Kulturleistung darstellt.«
Sohn: »Also gehört Rülpsen auch zu unserer Kultur.«
Vater: »Früher einmal. Statt zu rülpsen, sagen wir, dass es geschmeckt hat. Wir haben uns entwickelt.«

Am **Familientisch**

Der Vater findet jedoch die Argumentation des Sohnes insgeheim sehr pfiffig, auch wenn dieser für seinen Geschmack ein wenig zu sehr auf dem Thema »Rülpsen« beharrt.

Sohn *(eifrig)*: »Das ist wie mit den Klingeltönen bei Handys. Die haben sich auch entwickelt.«

Mutter: »Wieso?«

Die von Natur aus misstrauische Mutter denkt gleich wieder: »Braucht er Geld für neue Klingeltöne?«

Sohn: »Früher gab es nur ranzige Melodien. Heute gibt es sogar Rülpser als Klingeltöne.«

Der Sohn findet die Idee absolut originell.

Vater: »Ich kann hier wirklich keine Entwicklung zum Besseren erkennen.«

Sohn: »Aber ihr seid doch für Multikulti und Vielfalt. Und Rülpsen als Klingelton ist übelste kulturelle Vielfalt.«

Der Sohn weiß die Sprüche seiner Eltern mittlerweile selbst geschickt anzuwenden.

Mutter *(bestimmt)*: »Also Rülpsen und Pupsen sind heute einfach nur schlechtes Benehmen.«

Tochter: »Dann hat Oma auch ein schlechtes Benehmen. Die hat gestern gepupst.«

Mutter: »Das ist ihr halt herausgerutscht.«

Die Mutter findet, dass sich der Sohn etwas zu sehr auf ein Gesprächsthema festlegt, ihr fällt aber gerade auch keine niveauvollere Alternative ein.

Sohn: »Sorry, mit euch kann man echt nicht reden. Nicht mal loben darf ich euch. Ich finde das Essen heute voll korrekt und darf es nicht mal sagen.«

SCHWEIGEN IST SILBER, REDEN IST GOLD

Innerhalb der Familie sollten Eltern sich bemühen, Gesprächsanlässe zu schaffen. Gute Gelegenheiten hierfür sind gemeinsame Unternehmungen und die Mahlzeiten. Das Verhältnis zwischen Eltern und Jugendlichen ist zwar auf den ersten Blick oft geprägt von Sprachlosigkeit und Kommunikationsarmut, aber Teenager wünschen sich den Kontakt und die Beziehung mit den Eltern, auch wenn das Verhältnis zu anderen Menschen immer wichtiger wird. Freilich brauchen solche Gespräche den richtigen Rahmen. Die meisten der folgenden Tipps beachten viele Eltern bereits intuitiv.

❯ Sorgen Sie zu Hause für eine entspannte Stimmung und nehmen Sie sich für Gespräche Zeit.

❯ Reden Sie nicht um den heißen Brei herum: Jugendliche wollen, dass Eltern klar und deutlich aussprechen, was sie denken. Sie ahnen meist ohnehin, was kommt.

❯ Lassen Sie Ihr Gegenüber aussprechen, ohne es gleich zu unterbrechen oder einzuschreiten. Hören Sie erst einmal zu, was Ihr Kind zu sagen hat.

❯ Jugendliche lieben Diskussionen und Auseinandersetzungen, das Ringen um Erkenntnis und Standpunkte. Bringen Sie den Argumenten Ihres Nachwuchses Respekt und Achtung entgegen.

❯ Vermeiden Sie es, Ihren Jugendlichen mit einem Wortschwall »zuzutexten«, alles besser zu wissen und Ihr Wissen in langen »Vorträgen« weiterzugeben.

❯ Akzeptieren Sie es, wenn Ihre Gesprächsinteressen nicht sofort auf Gegenliebe stoßen.

❯ Interessante Gespräche können entstehen, wenn Eltern Fragen stellen, die zum Reden anregen oder Widerspruch hervorrufen. Nehmen Sie hierbei die Überzeugungen und Gefühle Ihres Gegenübers ernst!

ERZIEHUNG – AUCH EINE STILFRAGE

Irgendwie müssen Sie im Laufe der Pubertät erzieherisch tätig werden. Hektische Flecken am Hals reichen als Reaktion auf unerwünschtes Verhalten eines Teenagers nicht aus. Pädagogen bieten auch keine wirkliche Hilfe, da ihre Ratschläge oft sehr voneinander abweichen und sich unter Umständen sogar widersprechen. Andererseits empfehlen immer mehr Pädagogen für die Schule gelegentlich einen Methodenwechsel. Lassen Sie sich hiervon inspirieren für Ihre Erziehungsarbeit: Kommt Anna beispielsweise nachts viel später als vereinbart nach Hause, können Sie ihr lautstark Vorhaltungen machen und sie mit Hausarrest bestrafen. Diese Reaktion auf ein Fehlverhalten hat sich durchaus vielfach bewährt. Sie stellt Ihre Autorität unter Beweis.

Trotzdem: **Hüten Sie sich vor Wiederholungen und Routine im Erziehungsprozess.** Das kann zu Abstumpfung oder Autoritätsverlust führen. Beim nächsten Mal lassen Sie Ihre Tochter erst einmal ausschlafen und erzählen am Mittagstisch, wie bunt Sie es in Ihrer Jugend getrieben haben und wie schön das war. Das beweist Ihre Fähigkeit zu Einfühlsamkeit und Anteilnahme. Beim dritten Mal wiederum lassen Sie den Nachwuchs einfach nicht mehr in die Wohnung, indem Sie den Schlüssel innen im Schloss stecken lassen und schlafen gehen.

Durch diese Handlungsvielfalt wird verhindert, dass Sie als Eltern in eine langweilige Erziehungsroutine verfallen und Ihre Maßnahmen dabei irgendwann abstumpfen. **Ihr Pubertist wird durch die Begegnung mit Ihren unterschiedlichen Erziehungsstilen lebenstüchtig und selbstbewusst.** Ihre Tochter oder Ihr Sohn lernt dabei, sich in den unterschiedlichsten Alltagssituationen immer wieder neu zurechtzufinden.

ERZIEHUNG: WAS GEHT NOCH?

Wie Sie den richtigen Ton treffen

Sprechen Sie oft in jammerndem Tonfall mit hoher Tonlage. Dieses Verfahren, das auch Kleinkinder anwenden, führt oft zum Erfolg. Viele Pubertisten kommen dann umgehend den Bitten nach, indem sie zum Beispiel die müffelnden Socken und die schmutzige Unterwäsche in ihrem Zimmer sorgfältig hinters Bücherregal knüllen.

Auch Ihr Partner hat in dieser schwierigen Phase Ihre Zuwendung verdient. Wohltuend sind besonders folgende Sätze:

- »Ich habe es ja immer gesagt, du erziehst zu lasch!«
- »Du bist schuld, seit Jahren verwöhnst du das Kind.«
- »Einfühlungsvermögen war noch nie deine Stärke.«
- »Merkst du nicht, wie unser Sohn unter dir leidet?«

Daran kann man in klärenden Gesprächen anknüpfen, sei es beim abendlichen Rotwein oder beim Scheidungsanwalt.

Gelegentlich sollten Meinungsverschiedenheiten über den Erziehungsstil auch vor oder mit dem Pubertisten ausgetragen werden. Sie bieten damit dem Heranwachsenden unterschiedliche Möglichkeiten an, sodass er das Passende auswählen kann. Wer den Machtkampf mit dem Partner in der Öffentlichkeit scheut, kann sich bei Gelegenheit mit dem Jugendlichen vertraulich austauschen:

- »Von mir aus dürftest du den Führerschein machen.«
- »Ich verstehe dich voll und ganz.«
- »Wenn Mama ausgegangen ist, darfst du fernsehen.«
- »Papa ist da ein bisschen komisch.«

Haben Sie sich erst einmal als »besserer« Elternteil etabliert, können Sie damit rechnen, geliebt und anerkannt zu werden und auch bei den Machtkämpfen in der Partnerschaft zu punkten. Dies empfiehlt sich besonders, wenn Sie sich bisher nur am Rande um die Erziehung gekümmert haben und jetzt aufholen wollen.

Erziehung – eine **Stilfrage**

WELCHEN ERZIEHUNGSSTIL BEVORZUGEN SIE?

Es ist normal, dass Elternpaare unterschiedliche Erziehungsstile haben: Was der eine für zu streng oder für zu »lasch« hält, findet der andere genau richtig. Teenager können aber mit unterschiedlichen Erziehungsstilen gut umgehen, solange jeder Elternteil im Großen und Ganzen konsequent bei seinem Stil bleibt. Doch es besteht die Gefahr, gegeneinander ausgespielt zu werden. Wesentlich ist es, sich bei wichtigen Entscheidungen abzusprechen, die Sicht des anderen wertzuschätzen und sich nicht als besserer Elternteil profilieren zu wollen.
Erziehung hat in den letzten Jahrzehnten viele Wandel durchgemacht. Vom autoritären Stil mit strikten Regeln, Belohnung und Bestrafung wandten sich viele Eltern ab. Nicht wenige fielen ins andere Extrem, den antiautoritären Stil, bei dem es möglichst wenig Grenzen und Regeln gab, damit Kinder aus eigenen Erfahrungen lernen konnten. Oft hat sich auch ein verwöhnender Stil eingeschlichen, bei dem Eltern ihr Kind vor allen Schwierigkeiten und Problemen bewahrten und ihm alle Wünsche erfüllten, statt die Fähigkeit zur Selbstständigkeit zu stärken.

Zeitgemäß: ein begleitender Erziehungsstil
Viele Pädagogen sind überzeugt, dass ein begleitender Erziehungsstil am besten in unsere Zeit passt. Begleitende Eltern sehen Teenager als Partner mit eigenen Auffassungen, die aber der Grenzen und Anleitung bedürfen. Regeln werden erklärt und besprochen, sodass sie nachvollziehbar sind. Das letzte Wort bleibt bei den Eltern. Mit zunehmendem Alter soll das Kind mehr Eigenverantwortung übernehmen.
Fragen Sie sich immer wieder mal: Welchen Erziehungsstil verfolge ich? In welchen Situationen bringt er Vorteile, wo versagt er? Was muss ich ändern, um meinen Teenager zu einem selbstständigen, verantwortungsvollen und selbstbewussten Menschen zu erziehen?

ERZIEHUNG: WAS GEHT NOCH?

EIN LOB DER **KONSEQUENTEN KONSEQUENZ**

Vielleicht ist es Ihnen auch schon passiert: Häufig beschweren sich Jugendliche, dass der Erziehungsalltag langweilig und ereignislos geworden sei. Nach Besuchen bei den Großeltern oder im Anschluss an Fernsehsendungen wie »Die strengsten Eltern der Welt« schwärmen Teenager immer häufiger von richtig harten Strafen, von tollen Verboten, willkürlichen Bevormundungen und dauernden Ermahnungen, die jede ganz normale Erziehung zu einem spannenden Erlebnis machen können.

Jugendliche geraten dabei geradezu in Begeisterung: »Früher war es bestimmt toll. Was Oma und Opa gesagt haben, das wurde auch gemacht. Aus, Ende. Da wusstet ihr wenigstens immer, woran ihr wart.« Häufig beklagen sich Heranwachsende mit den Worten: »Immer ihr mit eurem Verständnis.«

Wie erbärmlich sind Ihre gelegentlichen Ausraster, Tränen, konsequenzlosen Drohungen oder Ihr impulsives Schreien als Erziehungsmittel. Wollen Sie damit etwa Ihrem Pubertisten Orientierung, Halt oder Reibungsflächen geben? Sie gewinnen ja nicht einmal die einfachsten Machtkämpfe um das Aufräumen des Zimmers oder Entsorgen von Pfandflaschen.

Wenn Sie eine Konsequenz ankündigen, müssen Sie auch konsequent handeln. Nicht besonders eindrucksvoll ist es, wenn Sie sagen »Ich kann auch anders!«, »Muss ich dir drohen?«, »Wie oft soll ich es dir noch sagen?«, »Du, ich mache mir Sorgen!« oder »Muss ich erst böse werden?«. Immer mehr Teenager wollen heutzutage keine halbherzigen Ermahnungen. Sie wollen keine Softies als Eltern, die alles ausdiskutieren möchten und durchgehen lassen, um am Ende nur zu sagen »Dann mach doch, was du willst«.

Konsequente **Konsequenz**

Wie entmutigend ist es für Jugendliche, wenn sie tun können, was sie wollen, ohne dabei auf Widerstand zu treffen! Wissen Sie eigentlich, wie anstrengend es ist, sich als Halbstarker immer neue Provokationen auszudenken? Wie es ist, tagelang unbeachtet im vermüllten Kinderzimmer zu leben?

Wie können Pubertisten Regelverstöße und Grenzüberschreitungen begehen, wenn es keine Regeln und Grenzen gibt? Wenn nicht einmal ausgewählte Wertschätzungen wie »Halt's Maul« oder »Ich hasse euch« verbale Sanktionen hervorrufen?

Das Zusammenleben von Eltern und Pubertisten sollte auf einem gewissen Niveau stattfinden. Unabdingbar sind die sogenannten Machtkämpfe. Nicht immer gelingt es den gutwilligen Erziehungsberechtigten, auf Anhieb einen Machtkampf zu entfachen, und mancher gut gemeinte Ansatz versandet in erbärmlichem Augenrollen, Stöhnen oder Murren des Jugendlichen. Hierfür lohnt es sich nicht zu kämpfen. Echte Machtkämpfe sehen anders aus.

Machen Sie den Anfang!

Geben Sie nicht auf, wenn der störrische Pubertist bei Ihren gut gemeinten Konfrontationen anfangs nur ein wenig schmollt, zaghaft freche Antworten gibt oder nur passiven Widerstand übt. Offenbar haben Sie nicht die richtige Ansprache gefunden oder es mit dem falschen Thema versucht. Bewährt haben sich Phrasen wie:

- »Du musst ...«
- »Du darfst nicht ...«
- »Jetzt sofort!«
- »Ich werde nie wieder ...«
- »Hättest du auf mich gehört, dann ...«
- »Warum hast du nicht ...?«
- »Das war früher auch so.«
- »Das habe ich dir gleich gesagt.«

Bei der Wahl des Themas brauchen Sie nicht originell oder besonders einfühlsam zu sein. Da Heranwachsende immer neue Grenzen brauchen, an denen sie sich messen können, dürfte es genügend Anlässe zum Rebellieren und Ausrasten geben. Teenager verhalten sich recht konservativ und einfallslos, ihnen genügt eine beliebige Kleinigkeit, um an die Decke gehen zu können. Einfaches Herumnörgeln reicht aber meist nicht. Haben Sie den Mut zu richtigen Auseinandersetzungen – von allein wird nichts besser.

Suchen Sie die Konfrontation und beharren Sie auf Ihrem Standpunkt. Daraus entstehen die ergiebigsten Machtkämpfe. Testen Sie in Diskussionen immer wieder, ob Sie sich durchsetzen können. Damit erfreuen Sie auch den friedfertigsten Pubertisten.

Dankbar können Sie sein, wenn Ihr Teenager die Sache selbst in die Hand nimmt, um aus Ihnen konfliktbereite Eltern zu machen, die Strafen und Verbote aussprechen. Gerade unsichere, unselbstständige und desorientierte Normalo-Eltern brauchen praktische Anregungen wie diese:

- **Wirkungsvolle Auftritte üben.** Trainieren Sie, ohne anzuklopfen ins Kinderzimmer zu stürmen und lautstark eine Strafankündigung von sich zu geben. Den Auftritt können Sie eindrucksvoll untermalen, indem Sie die Tür energisch aufreißen und gegen die Wand knallen. Um sich bei Ihren ersten zaghaften Versuchen nicht lächerlich zu machen, trainieren Sie, wenn der Pubertist in der Schule ist. Verwenden Sie zu Beginn am besten das beliebte Wenn-dann-Schema: »Wenn du nicht sofort aufräumst, dann gibt es Hausarrest bis zum Monatsende.«
- **Wirksame Strafen notieren.** Notieren Sie sich unter Mithilfe des Pubertisten interessante Strafen und Drohungen auf einem Spickzettel, den Sie bei Gelegenheit hervorholen können. Die folgende Checkliste zeigt klassische und eindrucksvolle Strafen, die jeder Pubertist immer wieder einmal erleben sollte.

STILVOLL STRAFEN

- Anschweigen
- Aufräumen
- Chatverbot
- Computerverbot
- Fernsehverbot
- früher schlafen gehen
- Geldstrafen
- Handyverbot
- Hausarrest
- kein Taschengeld
- kein Lieblingsessen
- Konfiszieren der Musikanlage
- Kontaktsperre bei Freunden
- Mithelfen im Haushalt
- Partyverbot
- Schminkverbot

ERZIEHUNG: WAS GEHT NOCH?

Am Anfang wird es Ihnen schwerfallen, Ihre Drohungen durchzusetzen. Beginnen Sie vielleicht mit dem Entzug des Nachtischs oder des Lippenstiftes und der Verweigerung jeder Diskussion darüber. Später müssen die Strafen erhöht werden, zum Beispiel indem Sie die Dauer des Fernsehverbots ausweiten: einen Tag, mehrere Tage, eine Woche oder bis zum Monatsende. Im Laufe der Zeit bekommen Sie Routine und ein Gefühl für angemessene und wirkungsvolle Strafen. Sollten Sie einmal in alte, lasche Verhaltensmuster zurückfallen, wird Ihnen der Pubertist hilfreich zur Seite stehen und auf einer »richtigen« Strafe beharren.

Teenager finden Null-Toleranz, enge Grenzen und genaue Regeln nach Jahren nachgiebiger Erziehung aufregend. Das hat zum Beispiel auch bei der Kriminalitätsbekämpfung in New York geholfen. Endlich fühlen sich Jugendliche ernst genommen und bekommen Orientierung. Dafür sind sie bereit, häufiger zu Hause zu bleiben oder auf einen langweiligen Partybesuch zu verzichten.

Werden Teenager durch Strafen, Verbote und Regeln eingeengt und bevormundet, dann empfinden sie Wut und Rebellion. Sie lieben es, eigene Emotionen hochkochen und Gefühle unkontrolliert herausbrechen zu lassen.

Wenn Kids Zorn und negative Gefühle spüren, dann wissen sie, dass sie lebendig sind. Sie als Eltern haben alles richtig gemacht, wenn schließlich Türen knallen oder Sie beschimpft werden. Eine wirksame Strafe dafür haben Sie sicher schon parat.

> »Teenager in der Pubertät:
> unzurechnungsfähig, kann alles,
> weiß alles, äußerst reizbar.«
>
> T-Shirt-Spruch

Konsequente **Konsequenz**

»Wir müssen reden!«

Wie es ausgehen kann, wenn Eltern sich um Strafen und Konsequenzen für das unangemessene Verhalten ihrer Sprösslinge herumdrücken und stattdessen lieber deren »Freunde« sein wollen, zeigt der folgende Dialog.

Mutter: »Laura, wir müssen miteinander reden.«

Tochter: »Was gibt's denn?«

Mutter: »Deine Lehrerin Frau Sieber hat angerufen.«

Tochter *(gelangweilt)*: »Was wollte die doofe Kuh denn schon wieder von mir?«

Mutter: »Sie sagte, dass deine Versetzung gefährdet sei.«

Tochter: »Ich hab echt null Bock auf Schule!«

Mutter *(verständnisvoll)*: »Ich weiß, du bist augenblicklich in einer schwierigen Phase. Auch für mich ist es nicht einfach.«

»Nicht einfach« ist es für die Mutter wegen der noch nicht sehr lange zurückliegenden Scheidung von Lauras Vater.

Tochter: »Dafür kann ich mir nichts kaufen.«

Mutter: »Wie kann ich dich unterstützen?«

Tochter: »Ich muss so ein beklopptes Buch lesen und zusammenfassen. Kannst du mir dabei vielleicht helfen?«

Gemeint ist: »Kannst du vielleicht das Lesen und das Zusammenfassen für mich übernehmen?«

Mutter: »Aber eigentlich ist das deine Aufgabe.«

Tochter: »Willst du mir nun helfen oder nicht?«

Sie denkt: »Typisch, erst macht sie auf verständnisvoll, und dann blockt sie ab.«

Mutter: »Na gut, dieses eine Mal. Und wo hakt es denn sonst noch in der Schule? Sprich mit mir, dann können wir gemeinsam eine Lösung finden.«

ERZIEHUNG: WAS GEHT NOCH?

Die Mutter hat seit der Scheidung ein permanent schlechtes Gewissen und lässt sich deshalb auf den Vorschlag der Tochter ein.

Tochter: »Ich hasse zum Beispiel Mathe, und ich blicke überhaupt nicht durch.«

Was die Tochter sonst noch hasst: wenn Mama wieder »auf verständnisvoll macht«.

Mutter: »Wie wär's denn mit Nachhilfe?«

Tochter: »Das hilft doch eh nicht. Du checkst wirklich gar nichts. Keiner versteht mich.«

Mutter *(überhört das)*: »Frau Sieber sagte auch noch, dass du mehrere Stunden geschwänzt hast.«

Tochter: »Ach ja, ich brauche für diese Stunden noch Entschuldigungszettel von dir.«

Mutter: »Das finde ich jetzt nicht gut. Was ist denn nur los?«

Ganz typisch: Die Mutter fühlt sich schlecht, weil es der Tochter nicht gut geht.

Tochter: »Ich würde gerne in eine WG ziehen. Darf ich das?«

Die Tochter möchte nun testen, ob der allzu nachgiebigen Mutter wirklich etwas an ihr liegt.

Mutter: »Na ja, wir können uns das ja mal in Ruhe überlegen.«

Tochter *(ungeduldig)*: »Also darf ich, ja?«

Mutter: »Mit mir kann man immer reden.«

Sie weicht aus: Darüber will sie jetzt überhaupt nicht reden.

Tochter: »Ich fass es nicht. Du willst mich nur aus unserer Wohnung weghaben, um ungestört mit deinem neuen Freund Sex zu haben. Ich bin dir völlig egal. Dir ist es nur wichtig, mit diesem Loser zusammen zu sein.«

Die Tochter ist stolz, gleich drei Eins-a-Beleidigungen in einer einzigen Antwort untergebracht zu haben.

Mutter *(empört)*: »Laura!«

Konsequente **Konsequenz**

Tochter: »Ich bin dir doch völlig egal. Zum Beispiel: Du erlaubst doch alles, nur um deine Ruhe zu haben.«

Mutter: »Das stimmt doch so nicht.«

Tochter: »Aha, das stimmt so nicht? Ich kann doch machen, was ich will, Hauptsache, du wirst nicht belästigt.«

Die Tochter hat ihre Mutter durchschaut. Pubertisten kennen in der Regel die Schwachpunkte ihrer Eltern genau, was sie auch immer wieder gern deutlich aussprechen.

Mutter: »Laura, ich mache mir Sorgen.«

Die Mutter ist ratlos und traurig. Offensichtlich hat die Scheidung ihre Tochter noch mehr mitgenommen, als sie bisher dachte.

Tochter: »Dass ich nicht lache. Als ich letzte Woche im Drogeriemarkt den Lippenstift geklaut habe, war dein einziger Kommentar: ›Das finde ich jetzt gar nicht gut!‹ Du hast ja anscheinend für alles Verständnis.«

Mutter *(schluchzt)*: »Was soll ich denn machen? Hätte ich dich bestrafen sollen?«

Tochter: »Ja, Mama. Du peilst echt gar nichts. Normale Eltern rasten aus und verteilen harte Strafen.«

Die Tochter möchte, dass die Mutter klar Stellung bezieht und Grenzen aufzeigt.

Mutter *(weint)*: »Aber ich möchte doch, dass es dir gut geht und dass wir Freundinnen sind.«

Da haben wir es: Die Mutter will geliebt werden und verweigert, ihre Rolle als Mutter anzunehmen.

Tochter: »Freundinnen habe ich genug. Ich will eine Mutter, aber eine richtige!«

ERZIEHUNG: WAS GEHT NOCH?

 Impulse

KONSEQUENZEN STATT STRAFEN

Jugendliche erleben Regeln und Grenzen häufig als Bevormundung oder Einengung. In den Unwägbarkeiten des Lebens bieten diese aber Orientierung, Halt und die Chance zur Auseinandersetzung. Wenn Teenager abzuschätzen lernen, welche Konsequenz auf ihr Handeln folgt, dann können sie selbst Verantwortung für ihr Tun übernehmen. Strafen werden von oben verordnet, oft verbunden mit dem Rachegedanken »Das wirst du mir büßen!«. Angst vor Strafe verhindert aber kein unerwünschtes Verhalten. Der Verursacher lernt nur, sich beim nächsten Mal nicht erwischen zu lassen. Setzen Eltern hingegen Grenzen und weisen zugleich auf die Konsequenzen bei Überschreitungen hin, erfahren Jugendliche, dass sie es selbst in der Hand haben, ob eine Konsequenz eintritt oder nicht. Am wirkungsvollsten sind »natürliche« Konsequenzen, die automatisch auf ein bestimmtes Verhalten folgen: Wenn man zu spät aufsteht, verpasst man den Bus. Wer das gesamte Taschengeld ausgibt, kann nichts mehr kaufen. Wer kein Pausenbrot mitnimmt, bleibt hungrig.

Bieten sich keine natürlichen Konsequenzen an, sollten Eltern pädagogische Konsequenzen ins Spiel bringen. Idealerweise haben diese Konsequenzen einen Bezug zum vorangegangenen Handeln: Wer zur vereinbarten Zeit nicht im Auto sitzt, sieht nur noch die Rücklichter. Wer nicht pünktlich zum Essen kommt, muss mit den Resten vorliebnehmen. Wer zu lange vorm Computer sitzt, bekommt am nächsten Tag Computerverbot. Drohen Sie nur Konsequenzen an, die Sie auch durchsetzen können, sonst kommt es zu Streit und Machtkämpfen. Konsequenzen sollten angemessen und freundlich ausgesprochen werden, ohne Vorwürfe und ohne verletzende Ironie. Handeln Sie bei Regelverstößen und Grenzverletzungen wie angekündigt, ohne darüber zu diskutieren oder viele Worte zu gebrauchen.

WAS ELTERN VON DOMPTEUREN LERNEN KÖNNEN

Wenn Eltern gelegentlich ihre Kinder zum Shoppen oder zum Sonntagsspaziergang ausführen, treffen sie oft auf Mitbürger, die mit ihrem Vierbeiner Gassi gehen. Manche werden neidisch, andere denken weiter und stellen ganz richtig fest: »Mit den Menschen ist es doch genau wie mit den Hunden. Richtig erzogen, sind sie eine angenehme Gesellschaft. Schlecht erzogen, rauben sie ihren Haltern den letzten Nerv.«

Diese Erkenntnis brachte auch die Amerikanerin Amy Sutherland dazu, ihren Mann nach den Methoden von Tiertrainern zu erziehen. Sie hat sogar ein Buch darüber geschrieben.

Die Idee ist so genial wie einfach. Wenden Sie einfach die Techniken von Tiertrainern auf den widerspenstigen Zweibeiner an, der bei Ihnen wohnt: den Pubertisten. Denn Jugendliche verhalten sich nicht viel anders als Tiere, und sicherlich lassen sie sich ebenso gut abrichten wie Ehemänner oder Lebenspartnerinnen. Erfahrung haben Sie also bereits, es fehlt oft nur der Mut dazu. Aber immer mehr Eltern werden mutig. Auf den folgenden Seiten finden Sie einige Anregungen dazu, wie Sie es angehen.

> »Dass wir wieder werden wie die Kinder, ist eine unerfüllbare Forderung. Aber wir können zu verhüten suchen, dass die Kinder werden wie wir.«
>
> Erich Kästner | deutscher Schriftsteller, 1899–1974

Die Grundlagen der Dressur

Hier stellen wir Ihnen die wichtigsten Grundsätze der Tierdressur vor. Im Großen und Ganzen sind diese auch auf Pubertisten hervorragend anwendbar.

Reagieren Sie nicht auf Unarten

Liegt Schmutzwäsche des Teenagers herum, lassen Sie die Teile einfach liegen. Offenbar hat der Pubertist noch nicht gelernt, dass Schmutzwäsche in den Wäschekorb gehört. Verkneifen Sie sich Vorwürfe und Gejammer: Kein erfahrener Hundetrainer macht seinem Hund Vorwürfe, er korrigiert nicht einmal sein Verhalten. Meckern und Kritisieren bringt nichts. Oder haben Sie durch Nörgeln Ihrem Pitbullterrier schon einmal Kunststücke beigebracht?

Belohnen Sie richtiges Verhalten

Loben Sie stattdessen den Teenager für Verhaltensweisen, die er schon beherrscht und bereits gelegentlich ausübt, wie Staubsaugen im eigenen Zimmer oder Ausräumen der Spülmaschine. Dabei ist die Belohnung das Wichtigste. Verabreichen Sie »Leckerli« in Form von Geld, längeren Ausgehzeiten, Kosmetik und so weiter. Locken Sie ihn mit Geschick ins Wohnzimmer zum Staubwischen. Loben und belohnen Sie anschließend das gute Verhalten.

Handeln Sie konsequent

Diskutieren bringt gar nichts, ebenso wie dominantes Verhalten. Verzichten Sie darauf, denn das Training gelingt am besten, wenn Sie nicht diskutieren, sondern handeln und klare Regeln aufstellen. Im Grunde ist es dann nicht schwer, dem Pubertisten Regeln beizubringen, solange Sie konsequent sind (siehe auch ab Seite 140).

Reagieren Sie bei Fehlverhalten umgehend

Falls Ihr Liebling bereits weiß, dass Schmutzwäsche in den Wäschekorb gehört, sollten Sie bei einem entsprechenden Fehlverhalten unverzüglich reagieren. Ihr Zweibeiner kann eine nachträgliche Bestrafung nicht nachvollziehen.

Geben Sie deutliche Anweisungen

Jugendliche gehorchen gern auf Befehle, diese müssen nur einfach und verständlich sein. Je kürzer, desto besser, zumal wenn laute Musik läuft. Zeigt Ihr Teenager keine Reaktion, wiederholen Sie die Anweisung mehrmals am Tag. Fordern Sie ihn auf, den Auftrag zu wiederholen, um sicher zu sein, dass dieser angekommen ist.

HILFREICHE KURZBEFEHLE

Für den Alltag empfehlen wir die folgenden Kurzbefehle:

- »Fernseher aus!«
- »Finger weg!«
- »Geh ins Bett!«
- »Jetzt nicht!«
- »Jetzt sofort!«
- »Komm essen!«
- »Lass das!«
- »Mach Hausaufgaben!«
- »Musik leiser!«
- »Räum auf!«
- »Steh auf!«
- »Wasch dich!«

Zeigen Sie Geduld

Verhaltensänderungen zu erzielen braucht Zeit. Üben Sie gemeinsam in kleinen Schritten. Zeigen Sie beispielsweise einmal in der Woche, wie man eine Dusche nach dem Gebrauch reinigt.

FÜR KLARHEIT SORGEN

Drill und Dressur als Erziehungsmittel tauchen immer wieder in den Medien auf und faszinieren viele Eltern. Mit Härte und Disziplin werden besonders in China und Japan »Siegertypen« und »erfolgreiche Menschen« geformt. Die Kehrseite ist eine hohe Selbstmordrate unter asiatischen Jugendlichen. In Europa dagegen besteht eher die gegenteilige Tendenz, Jugendliche zu verhätscheln, ihnen Anstrengungen zu ersparen und sie nur wenig zu fordern.

Wir plädieren nicht für Drill, sondern dafür, die intrinsische, also die von innen kommende Motivation zu wecken und zu stärken. Wie Fußballtrainer Joachim Löw es sagt: »Man muss die Fähigkeiten der Spieler sehen, sie stärken. Man muss die Gedanken und Gefühle der Spieler kennen. Ihnen zuhören können. Kommunikation ist ein sehr wichtiger Baustein.« Denken Sie im Alltag immer an Folgendes:

❯ Entdecken Sie die Fähigkeiten Ihres Kindes. Interessieren Sie sich für seine Vorlieben.
❯ Bleiben Sie im ständigen Gespräch, auch in Phasen der Entfremdung, wenn Sie glauben, Ihr Kind nicht mehr zu kennen.
❯ Stärken Sie das Vertrauen des Teenagers in seine eigenen Fähigkeiten, damit er Sicherheit und Selbstbewusstsein entwickeln kann.
❯ Nehmen Sie seine Erfolge wahr und drücken Sie Ihre Wertschätzung dafür aus.

Der Schriftsteller Reiner Kunze erzählt in einem seiner Bücher von einem Vater, der seinen Sohn bittet, Kuchen vom Kuchenblech auf einen Teller zu legen. Als der Vater später nachsieht, entdeckt er, dass sein Sohn auf einer Untertasse einen riesigen Kuchenturm aufgestapelt hat. Auf die Vorhaltung des Vaters, ob der Sohn nicht sehe, dass der Teller zu klein sei, entgegnet dieser fassungslos, der Teller sei doch groß genug, denn der Kuchen finde schließlich darauf Platz!

Eltern und Jugendliche reden oft aneinander vorbei, wenn es um Erwartungen und Anweisungen geht. Eines der besten Beispiele dafür ist das Aufräumen des Kinderzimmers, da Eltern und Teenager meist völlig unterschiedliche Auffassungen davon haben, was Ordnung bedeutet.

Erwartungen deutlich aussprechen
Um Konflikte zu vermeiden, sagen Sie genau, was Sie sich wünschen, und geben Sie detaillierte Anweisungen: »Alle Kleidungsstücke gehören in den Schrank. Die Hemden kommen auf einen Bügel, die Pullover werden gefaltet ins Fach gelegt, und die Socken gehören in die Sockenbox.« Zeigen Sie, wie es gemacht wird, wie die Hemden aufgehängt und die Pullover gefaltet werden. Ihr Jugendlicher kann nun selbstständig zeigen, dass er die Aufgabe verstanden hat. Notfalls geben Sie Hilfestellungen oder unterbreiten Verbesserungsvorschläge.
Viele Konflikte lassen sich umgehen, wenn Erwartungen und Anweisungen klar ausgesprochen und vermittelt werden. Dazu gehört auch die Ansage, bis wann die Aufgabe erfüllt werden soll. »Schneide bitte am Samstag den Rasen! Da wir Gäste bekommen, muss der Rasen bis 18 Uhr gemäht sein. Du kannst anschließend gerne ausgehen.«
Ein Fehler wäre es jedoch, den Jugendlichen immer wieder misstrauisch auf seine Aufgabe hinzuweisen. Es ist sein Job, sich zu organisieren und die positiven Konsequenzen aus der getanen Arbeit zu ernten. Gute Hilfen für die Planung sind Pinnwand, To-do-Liste und Kalender. Schreiben Sie so genau wie möglich auf, was Sie erwarten, einschließlich Terminangabe und Folgen bei Nichteinhaltung. Heften Sie die Vereinbarungen an die Zimmertür, den Kühlschrank oder über den Schreibtisch.
Wenn Sie Ihren Teenager für eine gut erfüllte Aufgabe loben, sollten Sie es unbedingt vermeiden, ihn gleichzeitig zu kritisieren: »Du hast den Rasen prima geschnitten, aber an den Rändern …« Bei Jugendlichen kommt dann meist nur die Kritik an. Zu einem späteren Zeitpunkt können Sie immer noch sagen, was besser gemacht werden sollte.

MACHTKÄMPFE: MUSS DAS WIRKLICH SEIN?

Während der Pubertätszeit des Nachwuchses kann sich jede noch so kleine Meinungsverschiedenheit zu einem handfesten Machtkampf in der Familie entwickeln. Eltern mit schwacher Konstitution sind dabei schnell am Rande eines Nervenzusammenbruchs.

Gute Ausgangspunkte für Auseinandersetzungen mit den Eltern sind neben kleinsten Anlässen auch zentrale Themen wie Ausgehen, Ordnung, Benehmen und Schule. Viele Konfrontationen beginnen mit Murren, Stöhnen, Nörgeleien und Türenknallen und münden in Wutausbrüchen und verbalen Attacken wie »Blöde Kuh«, »Versager« oder »Loser«. Bei Eltern wiederum ist eine Art Spirale aus Bitten, Betteln, Nörgeln, Tadeln und Anschreien sehr beliebt, aber auch nervenaufreibend.

Wie können Sie derartige Auseinandersetzungen für alle angenehm gestalten? Wie können Eltern Machtkämpfen aus dem Wege gehen? Sehr verführerisch ist die Lösung, auf Forderungen des Nachwuchses einzugehen. Damit stellen Sie den Familienfrieden im Handumdrehen wieder her. Sie könnten auch die Erziehung an pädagogische Fachkräfte delegieren (Lehrer, Oma und Opa, die Nachbarn, das Fernsehen) oder Ihren Nachwuchs durch Zermürbung (ständiges Diskutieren) zum Einlenken bringen.

> » Jugend will, **dass man ihr befiehlt,** damit sie die Möglichkeit hat, nicht zu gehorchen. «

Jean-Paul Sartre | französischer Philosoph und Schriftsteller, 1905–1980

Endlich Ruhe!

Befolgen Sie die anschließenden Ratschläge, so stellt sich zumindest eine vorübergehende Harmonie ein:

- Stellen Sie nach Herzenslust Regeln auf, lassen Sie aber regelmäßig Ausnahmen zu.
- Reagieren Sie auf Bitten und Forderungen immer wieder mal mit einem gebrummelten »Na gut« – Sie haben schließlich Wichtigeres im Kopf.
- Damit zumindest das Aufräumen nicht zu einem Machtkampf ausartet, räumen Sie einfach selbst auf.
- Tragen Sie das gleiche T-Shirt wie Ihr Nachwuchs, etwa mit der Aufschrift »Ich saufe, also bin ich« oder »Zickenzone«. Wie können Fünfzehnjährige aufmüpfig sein, wenn die eigenen Eltern die gleichen Klamotten tragen wie sie?
- Mischen Sie sich möglichst wenig in das Leben Ihres Sprösslings ein. Bewährt sind Sätze wie »Das musst du selbst entscheiden« oder »Du machst ja eh, was du willst«.

Seien Sie doch nicht so pingelig

Da Sie als gute Pubertistenflüsterer der festen Überzeugung sind »Was ich sage, interessiert ja eh keinen«, kann auch komplett auf starre Regeln und Grenzen verzichtet werden. So entfallen lästige Gespräche oder Diskussionen über rechtzeitiges Nachhausekommen oder andere nervenaufreibende Regeln, die eingehalten beziehungsweise überwacht werden müssen. Auf diese Weise können Sie zahlreiche unerquickliche Auseinandersetzungen vermeiden, die den Familienalltag unnötig belasten würden. Wenn Sie davon nicht überzeugt sind und immer noch glauben, durch Diskutieren etwas ausrichten zu können, lesen Sie bitte den folgenden Dialog.

ERZIEHUNG: WAS GEHT NOCH?

»Bist du jetzt fertig?«

Nicht immer lassen sich Machtkämpfe völlig vermeiden. Der Ort der Handlung des folgenden Dialogs ist ein Reihenmittelhaus, am Rande der Stadt, werktags um 18:22 Uhr.

Mutter: »Sohn, wir müssen mal miteinander reden.«

Die Mutter kommt ins Zimmer, nachdem sie brav angeklopft hat. Der Sprössling rekelt sich bei lauter Musik auf seinem Bett.

Sohn: »Müssen? Ich muss nur sterben.«

Der Sohn hat offensichtlich beim Meditieren in seinem Zimmer Einblick in grundlegende Tatsachen des Lebens bekommen und möchte jetzt nicht gestört werden.

Mutter: »Wir sollten uns in den nächsten Tagen unbedingt einmal zusammensetzen!«

Sohn: »Muss das sein?«

Mutter: »Es braucht ja nicht jetzt sofort sein, lass uns einen Termin vereinbaren.«

Die Mutter denkt: »Veronika, du bleibst jetzt sachlich und höflich, auch wenn es dir schwerfällt!«

Sohn: »Ich kann aber nicht.«

Er denkt: »Ich will einfach nicht.«

Mutter *(leicht gereizt)*: »Du wirst doch in den nächsten Tagen irgendwann einmal Zeit haben.«

Die Mutter fühlt langsam, aber gewaltig ein Gefühl der Reizbarkeit in sich aufsteigen.

Sohn: »Immer wollt ihr reden. Das nervt voll.«

Er ahnt bereits, dass das von der Mutter vorgeschlagene Gesprächsthema kein angenehmes sein wird.

Mutter: »Eigentlich wollte ich über eine Taschengelderhöhung mit dir sprechen, aber wenn du nicht willst ...«

Machtkämpfe

Sie ist stolz auf ihren spontanen Einfall, mit diesem Trick Aufmerksamkeit zu gewinnen.

Sohn *(interessiert)*: »Okay, wenn du unbedingt willst.«

Mutter *(schwärmerisch)*: »Ja, und dann noch über längere Ausgehzeiten, ein neues Handy, den Motorradführerschein und neue Basketballschuhe!«

Sohn: »Ehrlich?«

Die Mutter hat ein wenig zu dick aufgetragen – der Sohn schwankt zwischen kindlicher Begeisterung und erwachsenem Zweifel.

Mutter: »Lukas! Ich kenne deine Wünsche und Anliegen. Aber ich habe auch Anliegen und möchte damit ernst genommen werden und darüber sprechen ...«

»... du kleiner Egomane.«

Sohn *(aufbrausend)*: »Jetzt hast du mich voll gedisst. Sorry, mit einem Termin sieht es zur Zeit echt schlecht aus. Ich muss ein Referat über Insektenstaaten halten, und übermorgen ist die Mathearbeit.«

Der Sohn ärgert sich und beschließt an dieser Stelle, einen Machtkampf zu beginnen.

Mutter: »Und deshalb liegst du seit zwei Stunden auf dem Bett und hörst Musik!«

Die Mutter ärgert sich und steigt in den Ring.

Sohn: »Ich arbeite im Geiste. Aber das verstehst du nicht.«

Mutter: »Aber du wirst doch irgendwann für mich Zeit haben.«

Sohn: »Du verfügst ja sowieso über meine Zeit. Der Zahnarzttermin morgen wurde auch ohne mich zu fragen vereinbart.«

Als geschickter Stratege eröffnet der Sohn jetzt einen Nebenkriegsschauplatz.

Mutter: »Da hast du recht, aber deine Zahnspange ist verbogen und muss repariert werden. Immerhin frage ich dich jetzt.«

ERZIEHUNG: WAS GEHT NOCH?

Die Mutter denkt: »Ich bleibe sachlich, sachlich, sachlich …«
Sohn: »Das ist doch selbstverständlich. Schließlich geht es gar nicht, dass du über meine knappe Zeit verfügst.«
Mutter *(streng)*: »Das ist jetzt nicht unser Thema.«
Sohn: »Aber meines.«
Mutter: »Einen Termin, bitte.«
Sohn: »Gut, dann leidet eben die Arbeit für die Schule. Heute Abend um 23 Uhr.«
Mutter: »Sohn, jetzt mal im Ernst. Wann können wir uns zusammensetzen?
Sohn: »Mein Vorschlag steht!«
Mutter *(wechselt die Tonlage)*: »Da bin ich im Bett. Ach übrigens, morgen kann ich dich wahrscheinlich nicht zum Basketball bringen, sonst leidet die Arbeit für den Haushalt, und mein Kleid muss noch in die Reinigung.«
Sohn *(erstaunt)*: »Mensch, Mama, das Spiel ist wichtig, und ich kann meine Kumpels nicht im Stich lassen.«
Mutter: »Mensch, Sohn, das Kleid ist wichtig, und ich kann meinen Haushalt nicht im Stich lassen.«
Sohn: »Was soll das denn jetzt?«
Der Sohn ist leicht panisch. Diesen raffinierten Angriff von hinterrücks hatte er nicht erwartet.
Mutter *(ziemlich laut)*: »Jetzt reicht's mir langsam. Wieso muss ich hier eigentlich um ein Gespräch mit dir betteln? Wieso muss ich dich immer zum Sport fahren? Wieso muss ich immer hinter dir herräumen?«
Sohn: »Habe ich dich darum etwa gebeten? Musst du dich immer überall einmischen? Kannst du mich nicht in …«
Der Sohn nimmt den normalen Machtkampf erleichtert wieder auf.
Mutter: »Du wirfst mir vor, dass ich mich …«

Machtkämpfe

Sohn: »So, und jetzt fällst du mir auch noch ins Wort. Nicht einmal ausreden darf ich hier. Was ist denn das bitte für ein Gesprächsverhalten?«

Er versucht die Mutter mit den eigenen Waffen zu schlagen.

Mutter: »Bist du jetzt fertig, und darf ich auch mal was sagen?«

Sohn *(spöttisch)*: »Aber du redest ja die ganze Zeit!«

Mutter *(betont besänftigend)*: »Ich fühle mich mit meinen Anliegen nicht wahrgenommen und abgeblockt!«

Sie lobt sich selbst: »Veronika, das war eine klasse Ich-Botschaft ohne Anklage und Vorwurf, wie aus dem Erziehungsratgeber!«

Sohn: »Nimmst du mich etwa ernst? Mein Basketballspiel ist mir wichtig und die Mathearbeit auch. Aber das interessiert ja hier offensichtlich keinen.«

Der Sohn hat den Erziehungsratgeber leider nicht gelesen und reagiert anders als erwartet: Ein Gefühl der Empörung und Entrüstung steigt in ihm auf und wird immer mächtiger.

Mutter *(kurz angebunden)*: »Ich halte dich jedenfalls nicht vom Lernen ab.«

Sohn: »Jetzt aber raus aus meinem Zimmer. Ich muss lernen ...«

»... und ich hasse euch alle!«

Mutter: »Und ich muss die Waschmaschine ausräumen.«

Sohn *(besserwisserisch)*: »Das hättest du jetzt auch einfacher haben können.«

Mutter: »Was denn?«

Sohn: »Na, das mit dem Gespräch.«

Achtung: Pubertisten sind gewiefte Gesprächskünstler.

Mutter: »Ach, ich dachte schon, du würdest mir deine Hilfe bei der Wäsche aufdrängen.«

Die Mutter versucht es mit Ironie und begibt sich damit auf dünnes Eis. Schließlich hat sie einen Pubertisten vor sich.

ERZIEHUNG: WAS GEHT NOCH?

Sohn: »Nein, das ist dein Job. Aber wir hätten schon längst das gewünschte Gespräch führen können, statt stundenlang über einen Gesprächstermin zu diskutieren.«

Bei aller Unverschämtheit ist dies durchaus eine zutreffende Beobachtung des Sohnes.

Mutter: »Dann sind wir uns ja erstmals einig.«

Bravo, die Mutter lässt sich nicht provozieren, sondern greift das Friedensangebot auf.

Sohn *(mittlerweile doch neugierig geworden)*: »Und worüber wolltest du eigentlich reden?«

Mutter: »Ich brauche mehr Hilfe im Haushalt.«

Bravo: Die Mutter sagt klar, was sie will.

Sohn: »Wie uncool. Ich brauche mehr Taschengeld.«

Auch der Sohn sagt endlich klar, was er will.

Mutter: »Man kann mit mir eigentlich über alles reden.«

Wenn das kein Angebot ist.

Sohn: »Und wann?«

Verkehrte Welt: Der Sohn fragt nach einem Termin!

Mutter: »Morgen früh um 5 Uhr? Notfalls geht's auch später.«

Die Mutter kann sich diese Bemerkung nicht verkneifen, das ist sie sich einfach schuldig.

Sohn: »Ein Glück, dass meine Mutter nicht nachtragend ist!«

Auch Pubertisten zeigen gelegentlich Humor, was das Zusammenleben mit ihnen leichter macht.

Mutter: »Ein Glück, dass mein Sohn immer gesprächsbereit ist.«

Da den Autoren an einem Happy End gelegen ist, haben sie das Gespräch nun doch noch zu einem guten Ende geführt, was freilich nicht immer gelingt. Wenn das Leben mit Pubertisten doch nur immer so einfach wäre!

Wie man Pubertisten liebevoll loswird

Wenn es Ihnen irgendwann wirklich zu viel wird und Sie abends Ihre Wohnung endlich wieder so vorfinden möchten, wie Sie sie morgens verlassen haben, bieten sich Ihnen verschiedene Möglichkeiten, Ihren Pubertisten im Rahmen einer Fremdunterbringung zumindest zeitweise loszuwerden.

Internat

Hier werden Sie zwar zu Teilzeiteltern, bleiben aber zumindest Ganzzeitzahler. Das Unternehmen Internat sollte gut vorbereitet werden. Es muss so weit entfernt liegen, dass Sie nicht an jedem Wochenende von Ihrem Sprössling beglückt werden. Wählen Sie zum Beispiel ein Institut in Australien oder Neuseeland. Für den schmalen Geldbeutel tut es auch eine Einrichtung auf einer Nordseeinsel, am anderen Ende des Landes oder in Nordirland. Alle sechs bis acht Wochen ist dann ein Kurzbesuch zu Hause erträglich und überlebbar. Zugegeben: Es kostet eine Stange Geld, jedoch auch weniger Nerven.

Auslandsaufenthalt

Jugendliche lieben Abenteuer. Die USA, Japan oder die Mongolei bieten sich hier an. Für ein ganzes Schuljahr lang sind Sie befreit vom quengelnden und nörgelnden Nachwuchs. Andere Erwachsene dürfen sich dann an Ihrer Stelle mit Ihrem Pubertisten herumschlagen, und dieser muss sich so benehmen, wie es in seinem Gastland erwünscht ist. Erstaunlicherweise tut er es tatsächlich. Das Merkwürdigste aber ist: Er sehnt sich zurück nach Hause. Davon zeugen tränenreiche Anrufe und herzerweichende E-Mails. Im Idealfall kommt ein geläuterter Mensch zu Ihnen zurück.

ERZIEHUNG: WAS GEHT NOCH?

Kuraufenthalt

Hier bieten sich insbesondere zwei Möglichkeiten an. Die erste: Sie schicken Ihren Pubertisten für sechs Wochen zur Kur. Anlässe dafür können zum Beispiel Fettleibigkeit oder Drogenkonsum sein. Bei diesen Indikationen wird die Kur in vielen Fällen sogar von der gesetzlichen Krankenkasse bezahlt.

Freilich ist es besser, die zweite Möglichkeit zu wählen und sich als Pubertisteneltern selbst eine Kur zu gönnen. All die Anzeichen für Erschöpfung, die Sie gelegentlich fühlen, wie Mattigkeit und Niedergeschlagenheit, sollten Sie unbedingt ernst nehmen. Sie sind medizinische Indikationen für vier Wochen Freiheit und Abenteuer. Und vor allem: Sie lassen das Chaos in Ihrer Wohnung samt dem Pubertisten darin für eine gewisse Zeit hinter sich.

Erziehungscamp

Erziehungscamps stehen in den Bestrafungsfantasien von Eltern in der Beliebtheitsskala ganz oben. Ein privater Fernsehsender schickt vor diesem Hintergrund unleidliche Jugendliche in die USA, nach China, Sibirien oder gar nach Hessen. Auch längere Aufenthalte in fremden Familien, wie etwa bei den Amish in den USA, einer Inuitfamilie auf Grönland oder einer südkoreanischen Großfamilie, sind sehr zu empfehlen.

Ein Erziehungscamp kostet am Tag zwischen 130 und 450 Dollar, je nach gewünschtem Drill und der Qualität der Ausstattung. Wenden Sie sich an das Jugendamt oder an Ihre Krankenkasse. Ermöglichen Sie Ihrem lernwilligen Pubertisten harten militärischen Drill und pädagogischen Hardcore, statt auf typisch kuschelpädagogische Weise Fehlverhalten wie Stehlen, Drogenkonsum, Gewalt und Schuleschwänzen schönzureden.

Wohngruppe

Wo bringen Sie Ihren Jugendlichen unter, wenn das Geld weder fürs Internat noch für ein Erziehungscamp reicht? Das Zauberwort heißt WG oder betreutes Wohnen. Nehmen Sie zu diesem Zweck einfach Kontakt zum Jugendamt auf.

Urlaub

Es gibt genügend Angebote für Jugendliche. Da die Teenager dabei in Horden reisen, sind sie so miteinander beschäftigt, dass ihnen nicht auffällt, wie sie tagelang in stickigen Bussen reisen, in versifften Massenzelten übernachten und blöde Partyspiele machen.

Therapie

Pubertät ist Nervensache. Pubertisten sind Experten für Nervenzerrüttung, und Eltern leben in dieser Entwicklungsphase ihres Nachwuchses oft am Rande des Nervenzusammenbruchs. Wo es unerträglich wird, helfen Wochenenden im Wellnesstempel mit Massage, Gesichtsmaske und Ölguss. Eindrucksvoller ist die Therapie beim psychologischen Fachmann, wo Sie sich auf einer Couch über das Versagen der Vor- und Nachfahren ausweinen können.

Scheidung

Wenn nichts anderes mehr Wirkung zeigt, ist bei Eltern auch die Scheidung oder Trennung beliebt. Pubertisten sind Meister im Ruinieren von Ehen. Gestandene Frauen werden zum heulenden Nervenbündel, erfolgreiche Männer zu brüllenden Erziehungsversagern. Schuld ist immer der Partner, sei es, dass er zu streng oder nie anwesend war, wenn man ihn brauchte, sei es, dass sie schon immer in der Erziehung zu lasch und nicht durchsetzungsfähig war.

ERZIEHUNG: WAS GEHT NOCH?

 IMPULSE

KEIN STÄNDIGER MACHTKAMPF!

Im Boxsport gibt es Sparringspartner, Pubertisten haben dafür ihre Eltern. An ihnen üben sie, einen eigenen Standpunkt zu finden. Eltern müssen sich dieser Herausforderung stellen. Doch ständige Machtkämpfe kosten einfach zu viel Kraft und belasten das Verhältnis zum Kind. Beschränken Sie sich auf das, was Ihnen wichtig ist. Sehr wichtig dürften zum Beispiel der regelmäßige Schulbesuch, der Verzicht auf Drogen oder der respekt- und rücksichtsvolle Umgang mit anderen (also auch mit Ihnen als Eltern) sein. Für wesentlich halten viele Eltern Pünktlichkeit, Mithilfe im Haushalt, den Verzicht auf Schimpfwörter. Nicht unbedingt erwünscht, aber tolerabel sind zum Beispiel Augenrollen, ein exzentrischer Kleidungsstil, skurrile Ansichten oder Frisuren. Machtkämpfe über die wichtigen Themen müssen ausgetragen werden, um Jugendliche vor Schaden zu bewahren. Um sich durchzusetzen, sollten Eltern notfalls um Unterstützung bitten (Jugendamt, Erziehungsberater, Polizei). Unnötig sind dagegen Kämpfe über Geschmacksfragen. Fragen Sie sich, wo Ihr Teenager mehr Verantwortung für sich übernehmen kann (den Wecker stellen, einen Arzttermin einhalten, sich einen Minijob suchen). Jugendliche wollen möglichst viel selbst entscheiden!

Hilfreich: Atem holen und notfalls vertagen

Bevor ein Gespräch zu Streit oder endloser Diskussion ausartet, beenden Sie den Wortwechsel, indem Sie sagen: »Wir drehen uns im Kreis, und ich werde umso wütender, je länger wir diskutieren. Ich möchte das Gespräch jetzt abbrechen. Wir können später darüber reden.« Manchmal versuchen Teenager einen Machtkampf anzuzetteln, indem sie nicht mehr mit ihren Eltern reden. Sagen Sie Ihrem Jugendlichen: »Ich habe den Eindruck, dass du dir noch keine Meinung dazu gebildet hast. Wenn du darüber nachgedacht hast, reden wir darüber.«

DAS INTERNET: LICHT UND SCHATTEN

Geben Sie es ruhig zu: Der Umgang mit dem Computer fiel Ihnen lange Zeit schwer, und besonders das Internet war für Sie ein Buch mit sieben Siegeln. Aber Sie besitzen jetzt einen Computer und einen Internetzugang und haben inzwischen gelernt, E-Mails fehlerlos zu verschicken und sogar Ihre Bankgeschäfte online abzuwickeln. Dabei konnten Sie stets auf die fachkundige Hilfe Ihres Nachwuchses zurückgreifen.

Seit kurzem haben Sie auch die vielfältigen Möglichkeiten der virtuellen Unterhaltung entdeckt: Chatten, Einkaufen, Pokern, Flirten und Herunterladen von Musik und Filmen. Auf die vielen Möglichkeiten des Computers wollen Sie nicht mehr verzichten.

Aber diese bunte Computerwelt hat auch ihre Schattenseiten. Vielen Jugendlichen stellt sich inzwischen ein ganz neues Problem: Sobald der Vater von der Arbeit nach Hause kommt, verschwindet er umgehend ins Arbeitszimmer, um stundenlang auf den Bildschirm zu starren. Die Mutter vernachlässigt Beruf und Haushalt, da sie zu Hause nur noch chattet, surft, spielt und online shoppen geht. Wenn der Pubertist mit seinen Eltern etwas besprechen will – keine Reaktion. Wenn Essenszeit ist – kein Elternteil erscheint. Immer wieder schallt es aus dem Arbeitszimmer »Komme gleich« oder »Noch eine Minute!«, aber nichts passiert.

> »Ich sei, gewährt mir die Bitte, in eurem sozialen Netzwerk der Vierhundertdritte«
>
> Frei nach Friedrich von Schiller

ERZIEHUNG: WAS GEHT NOCH?

Nichts für labile Eltern: Computer

Immer mehr Erwachsene vergessen vor dem Computer schnell alles andere und existieren nur noch in virtuellen Spielwelten. Sie pflegen ihren Onlinebauernhof oder diskutieren stundenlang in sozialen Netzwerken über Themen wie »Kinder schön und gut, aber wieso müssen die so nerven?«, »Glutamatfreies Kochen in der Mikrowelle« oder »Gibt es für Männer eine Mannopause?«.

Andererseits setzen viele Jugendliche den Computer aber auch allzu gerne dafür ein, die Eltern ruhigzustellen, damit sie selbst ungestört lernen oder eigenen Hobbys nachgehen können.

Das geht eine Weile gut, aber irgendwann fallen die Leistungen in Beruf und Haushalt ab. Viele Pubertisten werden koabhängig: Sie unterstützen die Abhängigkeit der Eltern, indem sie ihnen sogar das Essen an den Rechner bringen, statt Grenzen zu ziehen und Verbote auszusprechen. Deshalb sollten Heranwachsende ein wachsames Auge darauf haben, was Mama oder Papa im Internet treiben.

Ein Eingreifen mit pädagogischen Maßnahmen bis hin zum Verbot ist unerlässlich ...

- wenn Eltern täglich mehrere Stunden vorm Computer sitzen.
- wenn tägliche Pflichten wie Hausarbeit, Aufräumen oder die Arbeit vernachlässigt werden.
- wenn Eltern zu vereinzeln drohen, da die Kontakte zu Gleichaltrigen immer stärker zurückgehen – obwohl sie angeblich 347 Freunde in ihrem Netzwerk besitzen.
- wenn trotz Ermahnungen keine Anstalten gemacht werden, den Computer auszuschalten.
- wenn das Familienleben nur noch am Rande stattfindet.

Bevor Mama oder Papa ihre Jobs verlieren, weil sie wieder einmal die ganze Nacht vor dem Computer verbracht haben und sich im

Büro nicht mehr konzentrieren können, sollten sich verantwortungsbewusste Teenager einschalten. Um dabei nicht in die Rolle des spaßlosen Spielverderbers gedrängt zu werden, der alles verbietet, kann eine digitale Computersicherung eingesetzt werden. Hierbei erhalten die Benutzer ein Zeitguthaben, das sie nach Lust und Laune verwenden können. Sobald es aber verbraucht ist, schaltet sich der Rechner nach Vorwarnung ab und kann anschließend auch mit allen Tricks nicht mehr gestartet werden. Pubertisten geraten auf diese Weise nicht in die Rolle des Buhmannes.

Stattdessen sind die Eltern selbst dafür verantwortlich, wie sie ihre verfügbare Zeit verwenden. In diesem Fall akzeptieren sie erfahrungsgemäß auch viel leichter das plötzliche Aus: Mit dem Computer kann man eben nicht diskutieren.

Nach der Abschaltung kann der Teenager endlich wieder selbst wichtige Dinge am Computer erledigen.

REGELN UND GRENZEN FÜR INTERNET UND COMPUTER

Es klingelt bei Familie Vogel. Vor der Tür stehen vier Neonazis: »Ist Ihr Sohn da?« »Ja«, antwortet die Mutter, »er ist oben in seinem Zimmer. Kommt doch rein.« Kurz darauf wollen Pornodarsteller und ein um sich schießender Soldat ebenfalls zu Sohn Klaus sowie ein Pädophiler zur Tochter. Die freundliche Mutter lässt alle ins Haus … Würden Sie das im wirklichen Leben auch tun? Sehen Sie gemeinsam mit Ihrem Teenager diesen Spot über virtuelle Welten an, der im Internet zu finden ist (Adresse siehe Seite 187). Nutzen Sie den Film als Anlass, Risiken anzusprechen, die im Internet lauern, wie extremistische Gruppen, Pornografie, Gewaltspiele, Bedrohungen in Chatrooms, Sexualstraftäter. Eltern werden durch den Computer mit technischen Möglichkeiten konfrontiert, die sie aus der eigenen Jugend nicht kennen. Einerseits müssen Jugendliche heutzutage Medienkompetenz entwickeln. Andererseits kann die exzessive Nutzung von Computer und Internet zu Vereinsamung, Flucht in eine Scheinwelt, Überreizung und suchtähnlichem Verhalten führen. Von Sucht muss man sprechen, wenn Jugendliche 4 bis 6 Stunden täglich vor dem Computer verbringen und darüber andere Interessen vergessen.

Legen Sie für die Beschäftigung am Computer Zeitlimits fest. Stellen Sie eventuell den Computer in einen Raum, in den alle regelmäßig kommen, etwa das Wohnzimmer. Werden Sie aufmerksam, wenn der Jugendliche das Browserfenster schnell schließt, sobald Sie den Raum betreten. Bleiben Sie in Kontakt, was technisches Wissen und neue Trends bei Internet und Handy betrifft.

Bei 14- bis 18-Jährigen bereiten besonders Ballerspiele den Eltern Sorge. Ob sie tatsächlich zu aggressivem Verhalten führen, ist umstritten. Hat Ihr Teenager aber bereits Probleme mit aggressivem Verhalten, sprechen Sie Verbote aus.

Was Sie in Sachen Computerspiele noch tun können:
❭ Informieren Sie sich über die Alterskennzeichnung.
❭ Sprechen Sie mit Ihrem Teenager über die Spiele, sehen Sie sich Spiele an und spielen Sie ab und zu mit.
❭ Wählen Sie beim Kauf Spiele sorgfältig aus und achten Sie auf Vielfalt (Sport-, Rollenspiele und Lernsoftware).

Soziale Netzwerke: oft trügerische Vertrautheit
Neben dem Spielen am Computer besuchen Jugendliche besonders gern und intensiv »soziale Netzwerke«, um zu chatten und private Fotos anzusehen. Hier entstehen oft eine vermeintliche Vertrautheit und Scheinfreundschaften, die manche Erwachsene zur Kontaktaufnahme missbrauchen. Auch Mobbing ist verbreitet. Drohungen, Beleidigungen, falsche Informationen werden von Tätern in Sekunden anonym ins Netz gestellt, wirken sich aber langfristig auf das Leben des Betroffenen aus, etwa bei der Jobsuche.
❭ Interessieren Sie sich für die Foren, die Ihr Teenager besucht.
❭ Beteiligen Sie sich bei der Erstanmeldung, wenn Daten wie Alter, Nickname, Passwort und Adresse angegeben werden müssen und ein Profilbild eingestellt wird (dieses sollte möglichst unverfänglich sein und nicht den Teenager selbst zeigen).
❭ Erklären Sie, was passieren kann, wenn persönliche Daten (Fotos, Adresse, Telefonnummer, echter Name) veröffentlicht werden.
❭ Schärfen Sie Ihrem Kind ein, misstrauisch gegenüber Unbekannten zu sein. Ein Treffen mit Internetbekanntschaften ist absolut tabu.
❭ Falls Ihnen etwas merkwürdig vorkommt, sprechen Sie es an.
❭ Überprüfen Sie gelegentlich über Suchmaschinen, was über Ihren Nachwuchs im Internet zu finden ist.

ERZIEHUNG: WAS GEHT NOCH?

DAS **FERNSEHEN** ERZIEHT MIT

Jugendliche schauen sich im Fernsehen gerne Soap-Operas oder Kandidatenwettbewerbe um Model- oder Sängerkarrieren an. Ausgesprochen beliebt ist auch das Reality-TV, bei dem alltägliche Familiengeschichten und individuelle Schicksale im Mittelpunkt stehen und wo die Wirklichkeit, wie sie sich alltäglich in unseren Familien abspielt, dargestellt wird. Da ist die alleinerziehende, liebevolle und liebestolle Mutter, die täglich auf den Strich geht und nach Dienstschluss noch den Lover mit nach Hause bringt. Aber alle fühlen sich wohl, auch der Teenager Mandy, der Mama beim Schminken hilft, schwanger ist und als Gothic-Fan satanistische Kulte zelebriert, wenn Mama arbeitet. Oder: Papa outet sich beim Mittagessen als schwul und stellt nachmittags beim Erdbeerkuchen seinen neuen Freund der ganzen Familie vor. Ferner sind Kevin, Jacqueline, Chantal, Justin, Marvin und Mandy von verschiedenen Vätern, zu denen aber kein Kontakt mehr besteht. Ein Teil der Familie sollte Knasterfahrung besitzen, Drogenabhängigkeit wird vorausgesetzt. Wichtiges Element der Dramaturgie sind auch wiederholt auftauchende Produkte namhafter Hersteller, wie Softdrinks, Fruchtjoghurts oder Fastfood, die von den Akteuren mit Genuss konsumiert werden, um den Zuschauer zum Kauf anzuregen.

> » Das Fernsehen sorgt dafür, dass man in **seinem Wohnzimmer von Leuten unterhalten wird,** die man nie einladen würde. «
>
> Shirley MacLaine | US-amerikanische Schauspielerin, *1934

Das **Fernsehen**

Können Sie Ihrem Teenager etwa Ähnliches bieten wie das, was er in seiner Lieblingsserie im Fernsehen hautnah miterleben darf? Was bei Ihnen zu Hause dargeboten wird, muss Pubertisten langweilen und deprimieren im Vergleich zu dem, was ihnen im Fernsehen gezeigt wird. Im Grunde wird zu Hause den Heranwachsenden eine heile Welt vorgegaukelt, die immer mehr Jugendliche durchschauen. Wie erbärmlich ist es doch, wenn Sie als Eltern wegen Kleinigkeiten wie fehlenden Hausaufgaben, mangelnder Ordnung oder Verweigerung von Mithilfe im Haushalt die Nerven verlieren und ausrasten! Ihre Reaktion steht in keiner Relation zu diesem geringen Anlass. Von Ihren Kindern dürfen Sie für ein solch überzogenes Verhalten keinen Respekt erwarten.

Neue Ideen fürs Familienleben

Zu einer gelungenen Pubertät gehört mehr als ein gelegentlicher Streit zwischen den Eltern. Teenager wollen in der Familie so normal leben wie alle anderen auch und wie es das Fernsehen täglich zeigt. Daher sind von Ihnen Fantasie und Initiative für den Alltag gefordert. Können Sie Ihrem Teenager nicht all das bieten, was er in seinen Lieblingsserien sieht, so sollten wenigstens laute Streitigkeiten und derbe Beschimpfungen untereinander Ihr Zusammenleben bestimmen. Handgreiflichkeiten unter Eltern gehören ebenso zum Standard wie ein Rudel Hunde und Katzen in der Wohnung.

Die Kommunikation in der Familie sollte generell laut, unfreundlich und von üblen Schimpfworten durchsetzt sein. Geraten Sie schon wegen Kleinigkeiten in heftigen Streit, tauschen Sie in aggressivem Unterton Gemeinheiten und Vorwürfe aus. Drohen Sie mit Handgreiflichkeiten oder damit, die Polizei anzurufen beziehungsweise die Sprösslinge aus dem Haus zu werfen.

ERZIEHUNG: WAS GEHT NOCH?

Lösen Sie sich von überkommenen Geschlechterrollen

Gerade als Mutter sollten Sie zu Hause nicht mehr alles regeln, organisieren und bestimmen wollen. Denn besonders Jugendliche fühlen sich durch zu viel Perfektion schnell bevormundet und gegängelt. Seien Sie doch mal antriebslos und apathisch, bleiben Sie bis mittags im Bett und verbringen Sie den Rest des Tages depressiv vor dem Fernseher, wobei Sie sich von Dosenbier und Hamburgern ernähren. Alles, was Sie unternehmen, sollte betont lustlos und teilnahmslos geschehen. Jede Aktivität muss Ihnen zu viel sein, was Sie auch in regelmäßigen Abständen lauthals äußern.

Auch als Vater sind Sie gefordert. Mindestens einmal die Woche sollten Sie in einer Kneipe versacken oder betrunken zu Hause randalieren. Gut macht sich auch, wenn Papa sich als transsexuell outet und ab und an zum Frühstück in Frauenkleidern erscheint.

Anregungen aus dem Reality-TV

Für Ihre Bemühungen werden Sie reichlich belohnt: Ihr Tun schweißt die Familie zusammen, Ihr Jugendlicher engagiert sich für gute Stimmung. Sie dürfen mit Anerkennung und Liebe rechnen.

Sollten Sie mit Ihrem Nachwuchs dagegen einmal überhaupt nicht zurechtkommen und nicht mehr wissen, wie Sie anstehende Erziehungsschwierigkeiten lösen sollen, bietet das »Edutainment-Fernsehen« konkrete Hilfe an: Dabei werden dringende Erziehungsfragen professionell und praktisch gelöst. Drei bis fünf Millionen Zuschauer von Reality-Erziehungssendungen können nicht irren.

Das Coaching-TV hilft in den schlimmsten Lebenslagen. Interessierte Hilfe suchende Eltern haben sogar die Möglichkeit, sich für die einzelnen Sendungen zu bewerben.

ZEITFRESSER IN SCHACH HALTEN

Teenager lassen häufig Musik, Computer und »Glotze« parallel laufen und sich davon berieseln. Wenn Jugendliche sich exzessiv mit elektronischen Medien beschäftigen, bleiben allzu oft selbstständige Erfahrungen durch eigenständiges Erkunden und Probieren auf der Strecke. Das Fernsehen zieht Jugendliche als selbstverständlicher Bestandteil des Lebens fast hypnotisch in seinen Bann. Medien sind immer auch Miterzieher, da sie Werte und Einstellungen vermitteln. Versuchen Sie, den Medienkonsum in vernünftige Bahnen zu lenken. Bleiben Sie im Gespräch. Schließlich haben Sie gute Argumente für einen kontrollierten Fernsehgebrauch:

❯ Das Fernsehen bietet, genau wie realitätsnahe Computerspiele, nur ein Leben »aus zweiter Hand«.

❯ Fernseher (und auch Computer) sind »Zeitfresser«: Hobbys, Bewegung, Freundschaften und Aktivitäten, für die sich Ihr Kind bisher begeistert hat, kommen zu kurz.

Die Begegnung mit der wirklichen Welt schult die Wahrnehmung, fördert die Gehirnentwicklung und den Erwerb sozialer Kompetenzen. Zu viel Medienkonsum dagegen kann zu Nervosität und Schlafproblemen führen – und dazu, dass der Betroffene nichts mehr mit sich selbst anzufangen weiß. Lassen Sie es nicht so weit kommen und überprüfen Sie den Medienkonsum Ihres Nachwuchses immer wieder kritisch:

❯ Achten Sie darauf, dass nicht wahllos von Programm zu Programm gezappt wird und nicht ständig nebenbei der Fernseher läuft. Überprüfen Sie auch Ihren eigenen Konsum und damit das Vorbild, das Sie Ihrem Nachwuchs bieten.

❯ Suchen Sie Sendungen gemeinsam aus, schauen Sie mit und bieten sich als Gesprächspartner über das Gesehene an. Aber seien Sie nicht zu anspruchsvoll, Sie schauen ja auch nicht nur Bildungsprogramme.

ERZIEHUNG: WAS GEHT NOCH?

WENN NICHTS MEHR HILFT: NEUES AUSPROBIEREN

Die Erziehung Ihres Nachwuchses läuft aus dem Ruder? Wir haben eine gute Nachricht für Sie: In Buchhandlungen stapeln sich unzählige, praktische Wälzer für ratlose Eltern wie Sie, und auch das Internet sowie Jugendpsychotherapeuten halten die unterschiedlichsten Ratschläge bereit. Zum Glück, denn ansonsten wüssten Eltern ja gar nicht, wie sie ihre Jugendlichen erziehen sollen. Moderne Mütter und Väter, die im Alltag ansonsten ganz tough ihren Mann oder ihre Frau stehen, sind oft inkompetent und versagen, wenn es um die Erziehung des Nachwuchses geht. Hilflos stehen sie den Bedürfnissen und dem Verhalten ihres Pubertisten gegenüber, als seien sie oder ihr Kind von einem anderen Stern.

Wer aus seinem Teenager nicht mehr schlau wird und bereits den Zugriff der Jugendhilfe fürchtet, sucht schnelle Hilfe und einen Trostspender. Wohlklingende Erziehungskonzepte, -rezepte und -philosophien vermitteln Ihnen Sicherheit bei allen pädagogischen Unwägbarkeiten. Wegen der Vielfalt der Probleme, die bei der Erziehung eines Pubertisten auftreten können, erhalten Sie dabei nicht nur von Pädagogen Hilfestellung, sondern auch von Therapeuten, Ärzten, Lehrern, Psychologen, Verhaltens- und Neurobiologen, von Sozialarbeitern und Journalisten.

> »Bevor ich heiratete, hatte ich sechs Theorien über Kindererziehung. Jetzt habe ich sechs Kinder und keine Theorie.«
>
> John Wilmot, Earl of Rochester | englischer Dichter, 1647–1680

Versuchen Sie, eine möglichst große Vielfalt der empfohlenen Erziehungsstile auszuprobieren. Die Ratschläge der Profis bieten Ihnen dafür sehr unterschiedliche und oft sogar gegensätzliche Ansätze. Für Abwechslung ist also gesorgt.

Probieren Sie sich als Erzieher immer wieder neu aus. Versuchen Sie es mal mit Disziplin, Strenge und Führungswille, ein andermal mit Gelassenheit und Liebe, dann wieder zähmen Sie Ihren tyrannischen Nachwuchs mit engen Grenzen. Je nach Lust, Laune und Lage können Sie sich als »pädagogische Swinger« austoben.

Trost und Rat vom Experten

Im Gegensatz zu den darin vertretenen Theorien ähneln sich fast alle Ratgeberbücher im Aufbau, sodass Sie sich bei einem Wechsel Ihres Erziehungsstils nicht groß umstellen müssen: Gleich zu Beginn werden die Katastrophen beschrieben, die sich täglich bei Ihnen abspielen oder zumindest irgendwann eintreten werden. Zu diesen Themen werden nicht nur einfache Hinweise gegeben, nein, Sie erhalten in der Regel »Überlebenstipps«. Spätestens an diesem Punkt ahnen Sie erstmals, in welcher Gefahr Sie sich als Pubertistenflüsterer befinden.

Besonders einfühlsame Autoren weisen in diesem Zusammenhang darauf hin, dass es Ihnen persönlich zur Zeit wahrscheinlich auch nicht viel besser geht (Wechseljahre, Lebenskrise, Falten, schütteres Haar, Burnout). Lebensnah beschreiben die Fachleute in den folgenden Kapiteln Ihr alltägliches Erziehungsversagen: Gehen die regelmäßigen Ausraster und Wutausbrüche Ihrer Tochter nicht einzig und allein auf Ihr Konto? Ist es etwa die Schuld Ihres Sohnes, wenn er sich wegen der Zustände zu Hause nicht aufs Lernen konzentrieren kann und ständig schlechte Noten heimbringt?

Als hätte der Autor einen ganzen Tag lang hinter Ihnen gestanden, deckt er Ihre Probleme und Schwächen anhand von eingängigen Fallgeschichten auf. Sie haben es mit der Erziehung eigentlich gut gemeint, aber trotzdem lief vieles falsch! Oder klar ausgesprochen: »Sie haben jämmerlich versagt.« Statt wie Ihre Vorfahren intuitiv und mit gesundem Menschenverstand zu wissen, was richtig und was falsch ist, verfallen Sie bereits bei den einfachsten pädagogischen Entscheidungen in Ratlosigkeit und Stress und sind mit der Lage komplett überfordert.

Haben auch Sie alles falsch gemacht?

Werden Sie als gescheiterte Eltern in die Familiengeschichte eingehen? Bereits jetzt wird Ihnen deutlich, dass es ein Fehler war, ohne Expertenrat einfach draufloszuerziehen. Bei den Erziehungsfachleuten finden Sie Trost und Zuspruch. Vor allem erfahren Sie dort, dass andere Pubertisten noch viel schlimmer sind als Ihrer. Sie sind zudem umgeben von unfähigen Müttern und Vätern, die orientierungslos an ihrem wehrlosen Nachwuchs herumerziehen.

Hier können die Fachleute glänzen mit ihrem neurobiologischen, psychotherapeutischen, pädagogischen oder soziologischen Wissen. Beginnend mit der geheimnisvollen Gefühls- und Gedankenwelt des Teenagers über Alltag, Kleidung, Ausgeh- und Schlafenszeiten bis hin zu Schule, Sex, Drogen, Gewalt und Kriminalität werden Sie in fast keiner Lebenssituation alleingelassen. Es bleibt nur zu hoffen, dass Ihr Nachwuchs und Sie selbst in das aufgestellte Raster passen.

Vielleicht sitzen Sie ja gerade ganz gemütlich auf der Couch und lesen, während Ihr Teenager scheinbar friedlich am Küchentisch Tagebuch schreibt oder für Sie beide Kakao kocht. Seien Sie unbedingt äußerst wachsam, die Idylle könnte trügerisch sein!

ELTERLICHE INTUITION

Bei der Vorbereitung auf dieses Buch haben wir in vielen Elternratgebern gelesen. Allein zum Thema Pubertät sind rund 600 Titel lieferbar. Hinzu kommen unzählige Veröffentlichungen in Zeitschriften und Zeitungen. Viele Eltern sind theoretisch gut informiert – aber im Alltag versagen die klugen pädagogischen Entwürfe häufig. Hier ist nach wie vor elterliche Intuition gefragt.

Je nach Entwicklung von Wissenschaft und Forschung wandeln sich alle paar Jahre die Erziehungsstile. Aber Ihr Kind ist kein »Fall«, sondern ein Mensch mit individuellen Gewohnheiten und Besonderheiten. Was für einen schüchternen, sensiblen Jungen richtig ist, kann für ein starkes, eigensinniges Mädchen falsch sein. Sie selbst sind die besten Experten für Ihren Heranwachsenden! Daher plädieren wir mit diesem Buch dafür, die Intuition, das Gefühl für das jeweils Passende, nicht zu vernachlässigen.

Für den Neurobiologen Joachim Bauer sind Eltern und Kinder mit einem »unsichtbaren Band« verbunden. Diese Verbindung hat ihren Niederschlag im Gehirn gefunden: Bestimmte Nervenzellen, die sogenannten Spiegelneuronen, ermöglichen den Eltern, sich in ihre Kinder einzufühlen, intuitiv mit ihnen in Verbindung zu treten und sie zu verstehen. Eltern spüren oft sehr deutlich, wenn etwas beim Nachwuchs nicht rund läuft. Sei es Ärger in der Schule, Streit mit der besten Freundin oder ein schlechtes Gewissen, weil der Jugendliche etwas »ausgefressen« hat. Diese inneren Antennen für Problemsituationen sind bei Eltern oft bereits sehr gut entwickelt. Intuition können Sie aber auch trainieren, indem Sie sich möglichst häufig bewusst in einen anderen Menschen einzufühlen versuchen. Denn die Spiegelneuronen im Gehirn sind ein schnell lernendes System, das uns zuverlässig erkennen lässt, was mit unserem Gegenüber los ist.

ERZIEHUNG: WAS GEHT NOCH?

PUBERTÄT: **WIE LANGE NOCH?**

Seit die Pubertät in Ihrem Haus Einzug gehalten hat, haben Sie alle notwendigen Vorsichtsmaßnahmen eingeleitet, die nötig waren, um zu überleben: Sie haben den Beitrag der Haftpflichtversicherung erhöht, eine Unfallversicherung abgeschlossen, sich häufig eigentlich notwendige Kritik an kritikwürdigem Verhalten verkniffen, sich auf stundenlanges Diskutieren eingestellt, ständig wechselnde Launen und Stimmungen ertragen und schlaflose Nächte durchlitten.

Irgendwann jedoch stellt sich die Frage: Wie lange dauert die Pubertät eigentlich noch? Wann endlich brechen andere Zeiten an? Wann kann man wieder mit dem Nachwuchs diskutieren, ohne dass Nerven oder andere Gegenstände zu Bruch gehen? Zu welchem Zeitpunkt kehrt wieder Ruhe in der Wohnung ein?

Wie lange noch?

Das kann dauern ...

Im letzten Jahrhundert erstreckte sich die Pubertät laut Statistik hauptsächlich auf die Zeit zwischen zwölf und achtzehn Jahren. Danach verließen die jungen Erwachsenen die Eltern, um in ihren Wohngemeinschaften, Studentenbuden oder kleinen Wohnungen selbstständig und unabhängig zu werden.

Viele Eltern, die im Strudel der pubertären Rebellionen und Aufsässigkeiten unterzugehen glauben, hoffen heute noch auf ein absehbares Ende der Flegeljahre, das sich mit dem Erreichen des achtzehnten Lebensjahres automatisch einstellt.

In diesem Zusammenhang haben wir leider schlechte Nachrichten für Sie: Der bekannte amerikanische Hirnforscher Jay Giedd widerspricht dieser Erwartung und verweist darauf, dass ein menschliches Gehirn erst mit 25 Jahren ausgewachsen ist.

Die Pubertät beginnt zwar immer früher, dafür erstreckt sie sich jedoch mittlerweile bis Mitte zwanzig. Aber nicht einmal darauf ist wirklich Verlass. Ein Beispiel dafür ist die wahre Geschichte eines jungen Mannes aus Roquebrune-Cap-Martin an der Côte d'Azur, die vor ein paar Jahren in den Zeitungen für Schlagzeilen sorgte. 1972 wurde der 14-jährige Michel von seinen Eltern gezwungen, sich die Haare schneiden zu lassen. Aus Protest gegen diese Maßnahme ging er nie wieder zum Friseur und ließ sich die Haare wachsen, die nach 36 Jahren bis zu den Füßen reichten.

Ein solches Verhalten allein beunruhigt normalerweise noch keinen erfahrenen Pubertistenflüsterer. Aber es kommt noch dicker: Seit dieser Zeit weigert der Sohn sich auch, das Haus seiner Eltern zu verlassen. Selbst in seinem Dorf wussten die Nachbarn nichts von der Existenz des heute Fünfzigjährigen, der noch immer im Hause der Eltern lebt.

ERZIEHUNG: WAS GEHT NOCH?

> »Erwachsensein bedeutet,
> das Richtige auch dann zu tun, wenn
> es die Eltern empfohlen haben.«
>
> Mark Twain | US-amerikanischer Schriftsteller, 1835–1910

Die Erziehungswissenschaft verkündet in diesem Zusammenhang eine weitere beunruhigende Einsicht: Für Pädagogen ist die Pubertät beendet, wenn folgende drei Bedingungen erfüllt sind:

- erfolgreich abgeschlossene Schulausbildung,
- selbstständiger Verdienst des Lebensunterhalts,
- eigene Wohnung.

Gehen Sie also davon aus, dass heutzutage die ganze erste Hälfte des Lebens eines Europäers aus Pubertät besteht, und in manchen Fällen ist sie nicht nur vorübergehend. Sicher kennen auch Sie leicht ergraute Männer und Frauen in den besten Jahren, die unter dem Motto »Midlife-Crisis« oder »Wechseljahre« fröhlich vor sich hin pubertieren. Um wie ältere Geschwister ihrer Kinder auszusehen und deren Kleidergrößen tragen zu können, gehen sie ins Fitnessstudio oder unterziehen sich Operationen.

Warum gönnen wir also unseren Kindern nicht ebenfalls eine Langzeitpubertät? Immerhin wurde ja bereits das Renteneintrittsalter nach oben korrigiert.

Was Sie nun alles wieder tun können

Sie müssen jetzt ganz stark sein: In den allermeisten Fällen findet auch die ereignisreichste und fröhlichste Pubertät irgendwann ein Ende, weil der Pubertist auszieht, um zu studieren, eine Ausbildung zu beginnen oder die Welt zu entdecken. Er nimmt die Pubertät

Wie lange noch?

dann einfach mit. Von nun an müssen Sie selbst Türen schlagen, die Musik bis zum Anschlag aufdrehen und für heimeliges Chaos sorgen. Um die Leere auszufüllen und sich einigermaßen zu trösten, schlagen wir Ihnen alternative Aktivitäten vor:

- Sie können nach dem Partner Ausschau halten, mit dem Sie zu Beginn der Pubertät glücklich zusammenlebten.
- Sie können auf Reisen Kirchen und Museen besichtigen.
- Sie können bei Familienfesten über den missratenen Nachwuchs der anderen lästern.
- Sie können alle Fenster aufreißen und die Wohnung lüften, wann und so lange Sie wollen.
- Sie können sich bei Nachbarn über laute Musik beschweren.
- Sie können sicher sein, dass die Kosmetik, die Sie nachmittags gekauft haben, abends noch an ihrem Platz liegt.
- Sie finden Ihr Auto da, wo Sie es abends geparkt haben. Es ist sogar noch vollgetankt.
- Sie können wieder ans Telefon gehen. Der Anruf gilt Ihnen!
- Sie können wieder Telefonrechnungen und Kontoauszüge zur Kenntnis nehmen, ohne ein Sauerstoffzelt zu benötigen.
- Sie können morgens um 10 Uhr staubsaugen, ohne von einem verschlafenen und restalkoholisierten Pubertisten angepöbelt zu werden.
- Sie können Ihr Selbstwertgefühl wieder aufbauen.
- Sie können wieder kochen, was Ihnen schmeckt. Daran herummäkeln müssen Sie schon selbst.
- Sie können unbeschwert zum Briefkasten gehen. Sie finden darin keine Mitteilungen von Schule, Polizei oder Justiz.
- Sie können sich bei Telefonaten mit Ihrem Nachwuchs in gute Stimmung versetzen mit Sätzen wie »Ich habe keine Zeit« oder »Ich habe etwas anderes vor«.

»Jemand zu Hause?«

Der folgende Dialog zeigt beispielhaft die typischen Unabhängigkeitsbestrebungen von Eltern, deren Pubertisten vor kurzem flügge geworden sind. Er lässt aber auch ahnen, dass die elterlichen Instinkte niemals verstummen.

Das Telefon klingelt. Die 20-jährige Tochter, die vor kurzem ausgezogen ist, ruft an:

Vater: »Hallo?«

Tochter: »Hallo, Papa, schön, dass du mal da bist.«

Sie ist leicht angesäuert: »Endlich ist jemand zu Hause.«

Vater *(verwundert)*: »Wie meinst du denn das? Hast du es schon öfter probiert?«

Tochter: »Ständig rufe ich euch an, aber nie geht einer ans Telefon. Und keiner ruft zurück. Bin ich für euch gestorben?«

Vater: »Na hör mal, natürlich bist du für uns nicht gestorben. Aber wir haben zu tun. Ich gebe dir mal Mama, denn ich muss jetzt zum Joggen. War gerade auf dem Sprung! Ich hab dich lieb ... und meld dich mal wieder.«

Der Vater ruft nach der Mutter und flüstert dann: »Unser Fräulein Tochter ist dran und übel gelaunt. Ich geh dann mal.«

Mutter *(freut sich ehrlich)*: »Hallo, schön von dir zu hören.«

Tochter: »Stör ich?«

Mutter: »Nein, nein. Ich habe grade dein Zimmer gestrichen. Ich richte mir da ein Arbeitszimmer ein, das hab ich mir schon so lange gewünscht. Deine restlichen Sachen hab ich in Kisten gepackt und in den Keller gestellt. Ist alles beschriftet!«

Tochter: »Sehr nett von euch, dass meine Sachen nicht gleich auf den Sperrmüll gewandert sind. Ihr konntet es ja anscheinend kaum erwarten, mich loszuwerden.«

Wie lange noch?

Mutter: »Aber Liebes, du bist uns immer willkommen. Wie geht's dir denn in der neuen Wohnung?«

Tochter: »Ach, ganz gut. Mich nerven nur die vielen Spinnen hier. Gibt es denn kein Spray dagegen?«

Die Tochter appelliert geschickt an die Hilfsinstinkte und die hauswirtschaftliche Kompetenz der Mutter.

Mutter: »Da hilft nur Sauberkeit, und schließ die Fenster. Aber ein Spray dagegen kenne ich nicht. Du putzt doch gelegentlich?«

Mütter verkneifen sich ja vieles, aber das musste jetzt gesagt werden.

Tochter: »Ach, Putzen ist voll ranzig. Kannst du nicht mal vorbeikommen? Zusammen macht's mehr Spaß!«

Mutter: »Ich glaube, das kannst du allein, und ich will mich nicht einmischen. Was macht denn das Studium?«

Der Mutter fallen auf Anhieb 100 Dinge ein, die ihr noch mehr Spaß machen würden, als gemeinsam die Studentenwohnung der Tochter zu putzen.

Tochter: »Die Erstsemesterparty war geil, nur die Mensa ist voll mies. Deshalb muss ich jetzt ziemlich oft einkaufen gehen und selbst kochen.«

Die Tochter hofft auf eine Einladung zum Essen daheim.

Mutter: »Na dann komm doch mal zum Essen, wie wär's zum Beispiel am nächsten Sonntag?«

Tochter: »Und heute Abend? Es ist jetzt Montag! Ich habe so richtig Lust auf deine Pizza. Die kannst nur du so gut machen!«

Sie versucht es mit Schmeicheln.

Mutter: »Nein, mein Schatz, meine Woche ist ausgebucht.«

Die Mutter muss schmunzeln: Vor wenigen Wochen war ihr Essen noch ein »elender Fraß«.

Tochter: »Euch scheint es ohne mich ja wirklich gut zu gehen.«

Mutter *(wenig überzeugend)*: »Na, wir vermissen dich auch.«

ERZIEHUNG: WAS GEHT NOCH?

Tochter: »Ach, bevor ich's vergesse. Muss man Handwäsche wirklich mit der Hand waschen?«

Die Tochter spürt, dass die Mutter lieber wieder das neue Arbeitszimmer streichen möchte, und sucht händeringend nach Gesprächsthemen, die sie interessieren könnten.

Mutter: »Ja, normalerweise schon. Also am besten weichst du das Kleidungsstück in handwarmem Wasser ein und wäscht es dann mit der Hand aus.«

Tochter: »Warum habe ich denn so übelst viele Klamotten, die man nur mit der Hand waschen darf?«

Mutter: »Na, die hast du dir wohl alle selbst gekauft. Bisher habe ich dir halt den Fummel immer gewaschen.«

Tochter: »Dann ziehe ich die Sachen jetzt eben nicht mehr an. Ich komme vor lauter Hausarbeit ja sowieso schon nicht mehr zum Studieren.«

Die Tochter versucht der Mutter Angst zu machen.

Mutter: »Jetzt übertreib mal nicht.«

Tochter: »Übrigens, könntest du mir das Geld für einen Schwangerschaftstest auslegen?«

Sie ist noch nicht ganz zufrieden mit der Wirkung und fährt noch schwerere Geschütze auf.

Mutter *(alarmiert)*: »Kind! Ich glaube, wir treffen uns besser heute Abend. Ich kann ja etwas kochen.«

Die Mutter will noch nicht Oma werden.

Tochter *(zufrieden)*: »Prima, dann klappt es ja doch noch mit dem Essen.«

EINE PHASE DES WANDELS

Pubertät ist ein Durchgangsstadium, eine Phase des Wandels und der Veränderung. Auch wenn Sie manchmal verzweifeln und am Ende Ihrer Kräfte sind: Selbst der schwierigste und chaotischste Jugendliche kann sich positiv entwickeln und reifen. Notfalls muss der Teenager Umwege gehen, sei es zum Beispiel, dass er in der Schule eine Klasse wiederholt, sei es, dass er über den zweiten Bildungsweg das Abitur nachholt oder eine Ausbildung macht. Nehmen Sie Ihr Kind an, wie es ist, aber fühlen Sie sich keinesfalls schuldig für seine Umwege und Fehltritte.
In Vorbereitung auf dieses Buch sind wir auf starkes Interesse bei Freunden und Bekannten gestoßen. Immer wenn das Gespräch auf das Thema Pubertät kam, sprudelten die Erlebnisse und Geschichten nur so aus den Eltern heraus. Gelegentlich erzählten sie aber auch von Gefühlen der Trauer und Leere, jetzt allein zu Hause zu sein, wenn die Kinder kurz zuvor ausgezogen waren. Häufig gab es jedoch am Ende des Gesprächs auch einen Seufzer der Erleichterung: »Jetzt, wo er eine eigene Wohnung hat, haben wir wieder ein normales Verhältnis – und er lobt sogar das Essen, wenn er zu Besuch ist.«
Mit dem Auszug des Nachwuchses können Sie als »Best Ager« Ihre freie Zeit für die Partnerschaft, für Reisen oder neue Hobbys nutzen. Sie können das Jammern des Nachwuchses über ein leeres Konto, eine stressige Beziehung oder ein aufreibendes Studium mit Interesse verfolgen oder auch lustvoll ignorieren und stattdessen vom Weihnachtsurlaub auf den Malediven oder von neuen Aktivitäten und Freundschaften schwärmen. Die Aufmerksamkeit richtet sich wieder auf das eigene Leben und seine Bedürfnisse. Sie haben es sich verdient! Vielleicht verstehen jetzt die Kinder endlich, dass sie nun erwachsen sein müssen: Keiner passt mehr auf sie auf und kümmert sich ständig um sie. Das müssen sie schon alles allein machen. Hotel Mama jedenfalls hat geschlossen.

SERVICE

Bücher und Adressen, die weiterhelfen

Bücher

Arp, Claudia/Arp, David: Und plötzlich sind sie 13. Die Kunst, einen Kaktus zu umarmen; Brunnen

Bergmann, Wolfgang/Hüther, Gerald: Computersüchtig. Kinder im Sog der modernen Medien; Beltz

Dawirs, Ralph/Moll, Gunther: Endlich in der Pubertät. Vom Sinn der wilden Jahre; Beltz

Dinkmeyer, Don Jr.: Step – Das Elternbuch. Leben mit Teenagern; Beltz

Hurrelmann, Klaus/Unverzagt, Gerlinde: Kinder stark machen für das Leben; Herder

Juul, Jesper: Pubertät – wenn Erziehen nicht mehr geht; Kösel

Juul, Jesper: Was Familien trägt. Ein Orientierungsbuch. Werte in Erziehung und Partnerschaft; Beltz

Noble-Fischer, Annegret: Maulende Rebellen, beleidigte Zicken. Der Erziehungscoach für Eltern; Ariston

Rogge, Jan-Uwe: Pubertät. Loslassen und Halt geben; Rowohlt

Rogge, Jan-Uwe/Bartram, Angelika: Wie Sie reden, damit Ihr Kind zuhört & wie Sie zuhören, damit Ihr Kind redet; GRÄFE UND UNZER VERLAG

Schiffer, Eckhard: Warum Huckleberry Finn nicht süchtig wurde. Anstiftung gegen Sucht und Selbstzerstörung bei Kindern und Jugendlichen; Beltz

Schrimpf-Rager, Marie-Luise: Erwachsen werden. Ein Begleiter durch die Pubertät; Herder

Bücher und Adressen, die weiterhelfen

Adressen

Erziehungsberatung und Hilfe finden Sie ...

... in Deutschland
- beim Jugendamt Ihrer Gemeinde
- bei Erziehungsberatungsstellen, Adressen im Internet unter www.bke.de/virtual/ratsuchende/beratungsstellen.html

... in Österreich
- bei Beratungsstellen, Adressen im Internet unter www.familienberatung.gv.at/beratungsstellen

... in der Schweiz
- beim Elternnotruf, Weinbergstrasse 135, 8006 Zürich, Telefon 0848/354555 (vertraulich, anonym, 24 Stunden telefonisch erreichbar). Beratung auch per E-Mail unter: www.elternnotruf.ch

Internetlinks

Medien- und Handysicherheit
www.chatten-ohne-risiko.net
Viele wichtige Infos zum Thema sicheres Chatten im Internet.

www.internet-abc.de
Informationen zum Thema Medienkompetenz.

www.bpb.de/snp
Datenbanken, Infos und Beurteilungen für aktuelle Computerspiele.

www.handysektor.de
Informationen rund ums Handy für Eltern und Jugendliche.

www.klicksafe.de
Website der EU-Initiative für mehr Sicherheit im Netz. Unter »Spots« finden Sie auch das Video »Wo ist Klaus?« (siehe Seite 168).

www.schau-hin.info
Informationen zu Internetsicherheit, Kindersicherung, Chatten und Handygewalt.

www.polizei-beratung.de
Unter »Themen und Tipps« >
»Gewalt« > »Handygewalt«
können Sie den Kurzfilm »Abseits
Handygewalt« ansehen. Die
Website bietet außerdem viele
Infos zu Themen wie Rechtsextremismus, Gewalt an Schulen und
Zivilcourage.

Drogen und Abhängigkeit
www.bzga.de
Die Bundeszentrale für gesundheitliche Aufklärung bietet unter
»Service« > »Beratungsstellen« >
»Infotelefone« Hilfen im Bereich
Sucht, Drogen, Essstörungen und
Elternfragen.
Beratungstelefon zur Suchtvorbeugung 0221/892031 (Mo.–Do.
10–22 Uhr, Fr.–So. 10–18 Uhr)
mit Medizinern, Psychologen und
Sozialpädagogen.

www.drugcom.de
Detaillierte Informationen zum
Thema Drogen und Sucht, ein
Verzeichnis von Beratungsstellen,
Tipps für den Drogennotfall und
Ratschläge für Eltern.

www.dhs.de
Bei der Deutschen Hauptstelle für
Suchtfragen e. V. finden Sie unter
»Einrichtungssuche« Suchtberatungsstellen und Suchthilfeeinrichtungen. Außerdem bietet die
Website viele Informationen zu
Drogen und diverse Broschüren.

Jugendschutzgesetze
www.bmfsfj.de
Unter »Kinder- und Jugendschutz« finden Sie das deutsche
Jugendschutzgesetz, das regelt,
was 14- bzw. 16-Jährige dürfen.

www.oesterreichisches-jugendportal.at
Unter »Themen« > »Jugendschutz & Recht« finden Sie
umfassende Informationen über
Gesetze in Österreich. Die Seite
bietet außerdem noch viele weitere interessante Themen.

www.lifeportal.ch
Unter »Teenager« finden Sie Infos
über die Jugendschutzgesetze
in der Schweiz sowie zahlreiche
Tipps zur Teenagerzeit.

Register

A

Abgrenzung 125
Abhängigkeit 114 f.
Ablösungsbestrebungen 33
Ablösungsprozess 125
Alkohol 106 ff., 111 ff.
Alltagsroutine 16
anschweigen 164
antiautoritär 139
Anweisungen, deutliche 151
Aufräumen 54
Auseinandersetzungen 154
ausgehen 96, 103 ff.
Auslandsaufenthalt 161
Ausnahmezustand 12
Aussehen, gutes 71 f.
Auszeit 61
Auszug des Nachwuchses 185
autoritär 139

B

Badezimmer 63 ff.
Badezimmerregeln 65
Bauer, Joachim 177
Befürchtungen 12, 18
Begabungen fördern 20
begleitender Erziehungsstil 139
beste Freundin 98 ff.
Bewegung 61
Buddha-Eltern 18 f.

C

Cannabis 111 ff.
Chaos in der Wohnung 36 ff., 54
»chillen« 17
Clique 94 ff.
Computer 165 ff.
Computerspiele 168 f.

D

Diäten 72
diskutieren 136
Disziplin 20
Drei-Wort-Sätze 60
Dressur 149 ff.
Drogen 110, 111 ff.
Drogengebrauch, Phasen 114 f.
Drohungen 140, 143 f.
Durchgangsstadium 185

E

elterliche Intuition 177
Eltern, Buddha- 18 f.
–, erlebnishungrige 16
–, gut vorbereitete 14
–, perfekte 20
–, pubertätsfürchtige 17
–, Spaß- 15
Elternkunde 8 ff.
Elterntest 8 ff.
Elterntypen 13 ff.
Elternprofil 11
Emotionen, große 55 ff.
Ernährungsgewohnheiten 81
Erwartungen 153
–, negative 12, 18
Erziehung 15, 20, 21, 126 ff.
Erziehungsallmachtsfantasien 20
Erziehungscamp 162
Erziehungskonzepte 174 ff.
Erziehungsstil, antiautoritärer 139
–, autoritärer 139
–, begleitender 139
Erziehungsstile 20, 137 ff.
Essen 47 f., 75 ff.
Ex-beste Freundin 100
Expertenrat 174 ff.
Extremdiäten 72

F

Fähigkeiten 152
Fehlverhalten 151
Feiern 102 ff.
Fernsehen 170 ff.
Fernsehkonsum, vernünftiger 173
Fernsehserien 29
Freiheit, neue für Eltern 180 f.
fremdschämen 122
Fremdunterbringung 161 f.
Freund, erster 89 ff.
Freunde 97
Freundin, beste 98 ff.
Freundin, Ex-beste 100
Frisur 68, 69
Frutarier 48

SERVICE

G

Geduld 151
Gefühle ausdrücken 60 f.
Gefühle, starke 55 ff.
Gehirnumbau 26
Gelassenheit 18 f.
Geld 116 ff.
gemeinsam kochen 80
Geschlechterrollen, überkommene 171
Gesetze 127
Gespräche 44, 93
Gesprächsanlässe 132 ff., 136
Gesprächskultur 45 ff.
Gesprächstermin 156 ff.
Grenzüberschreitungen 141 ff., 145
Grundnahrungsmittel der Pubertisten 78 f.

H

Handlungsvielfalt 137
Handy 84 ff.
Handyvertrag 86
»hässlich« 71
Höhlenatmosphäre 50
Hormone 22, 65
Humor 2 f.

I

Ich-Botschaften 49
Idiopathic Hypogonadotropic Hypogonadism 29
Interessen fördern 20
Internat 161
Internet 165 ff.

–, Fotos im 87
Internetforen 169
Intuition, elterliche 177

J

Jobs für Jugendliche 118 f.
Jungen, Klamotten für 67

K

kiffen 111 ff.
Kinderzimmer 50 ff.
Klamotten für Jungen 67
– für Mädchen 68
Klarheit in der Erziehung 152 f.
Kleidergeschmack, individueller 70
Kleidung 66 ff.
Kleinkindzeiten 45
Kommunikation 36 ff., 80 f.
–, nonverbale 60
Konfrontation üben 142 f.
Konsequenz 140 ff., 150
Konsequenzen, natürliche 148
Körperpflege 63 ff.
Kuraufenthalt 162
Kurzbefehle 151

L

»Lebensbegleiter« 15
Lebensmittelvorrat 79

Lernsoftware 169
Licht, indirektes 50
Liebe 88 ff.
Loben 153

M

Machtkampf mit dem Partner 138
Machtkämpfe 154 ff.
Mädchen, Klamotten für 68 f.
Mädchenfreundschaften 98 ff.
Mahlzeiten 76 ff., 132 ff.
Marihuana 111 ff.
Medien 12, 165 ff., 170 ff.
Möbel fürs Pubertistenzimmer 51
Mobiltelefon 84 ff.
Mode 70
moralische Standards 46 ff.
Motivation, fehlende 33
–, intrinsische 152
Musik 32, 52

N

Nachahmung 30
natürliche Konsequenzen 148
Nervenverschaltungen fördern 26
Neues entdecken 35
Neurobiologie 177
nonverbale Kommunikation 60

Register

O
Opfer, Eltern als 2
Ordnung 36 ff., 52 f.

P
Partyregeln 110
Partys 102 ff.
Partyschäden 108 f.
Partyvorbereitungen 106
»peinlich« 121
Pickel 32
Positives sehen 33
Problemarmut 32
Problemlösen, selbstständiges 131
Pubertät, eigene 12
Pubertätsbeginn 14, 22, 26
Pubertätsdauer 9, 178 ff.
Pubertätslangweiler 31 f.
Pubertätstest 24 f.
Pubertätsverweigerer 29
Pubertist, guter 27 f.
Pubertistenflüsterer 13
Pubertistenkunde 8 ff.
Pubertistensprache 40 ff., 44
Pubertistentest 22 ff.
Pubertistentypen 27 ff.
Pubertistenzimmer 22, 50 ff.

R
Reaktionen, pubertätsgerechte 23, 29
Reality-TV 170 ff.

Regeln 33
Regelverstöße 141 ff.
Reizwörter 59
»ritzen« 17

S
Scheidung 145, 163
Schönheitschirurgie 72
Schuldvorwürfe 129
Schuldzuweisungen 20
Selbstbild, positives 74
Selbstständigkeit 21
Selbstzweifel 16
Sexualität 88 ff.
soziale Bindungen 97
soziale Fähigkeiten 21
Spaßeltern 15
Spiegelneuronen 177
Sprachführer 40 ff.
Standard-Meckersprüche (Mode) 66
– (Zimmer) 53
Stimmungsschwankungen 32, 33, 55 ff.
Stirnlappen 26
Strafen 143, 148
Sucht 114 f.

T
Talkshows 29
Taschengeld 116 ff.
Telefonkarte 86
Telefonrechnung 85
Terrorteenies 16
Themen, wichtige 44
Themenvielfalt 46
Therapie 31, 163
Tischsitten 81

U
Übergewicht 81
Unarten 150
Unordnung 36 ff., 52 f.
Unplanbarkeit 12
Urlaub 163

V
Veganer 48
Vegetarier 47
Verhalten, erwünschtes 150
Verhaltensunauffälligkeiten 31
Verhütung 93
Vertrauen 152
Vorbereitung, perfekte 14
Vorbild 30, 71 f.
Vorratshaltung 78 f.

W
Wäsche 28, 36 ff., 54
Wechseljahre 9, 25, 37 f., 180
Werte vermitteln 21
Widerspruch 33
Widerstand 129
Wohngruppen 3

Z
Zeitempfinden 26
»Zeitfresser« 173
Zimmer 50 ff.
Zimmereinrichtung 50 ff.
Zimmerpflanzen 51
Zuhören, aktives 49

191

IMPRESSUM

© 2012 GRÄFE UND UNZER VERLAG GmbH, München
Alle Rechte vorbehalten. Nachdruck, auch auszugsweise, sowie Verbreitung durch Bild, Funk, Fernsehen und Internet, durch fotomechanische Wiedergabe, Tonträger und Datenverarbeitungssysteme jeder Art nur mit schriftlicher Genehmigung des Verlages.

Projektleitung: Reinhard Brendli
Lektorat: Barbara Kohl
Umschlaggestaltung und Layout: independent Medien-Design, Horst Moser, München
Satz: Liebl Satz+Grafik, Emmering
Herstellung: Renate Hutt
Reproduktion: Repro Ludwig, Zell am See
Druck und Bindung: GGP Media GmbH, Pößneck

Bildnachweis:
Cover: Shutterstock
Weitere Illustrationen: Michael Luz
Syndication: www.jalag-syndication.de

ISBN 978-3-8338-2338-1

1. Auflage 2012

Dank an die »Mitautoren«
Bernadette, Benedikt und Vincent Sobel haben mit Ausdauer und in außerordentlicher Vielgestaltigkeit ihren Eltern in den letzten zehn Jahren das Thema Pubertät nahegebracht und waren somit am Entstehen des Buches wesentlich beteiligt. Es war eine aufregende und interessante Zeit. Ihnen sei in Liebe dieses Buch gewidmet.

Ein Unternehmen der
GANSKE VERLAGSGRUPPE

Unsere Garantie

Alle Informationen in diesem Ratgeber sind sorgfältig und gewissenhaft geprüft. Sollte dennoch einmal ein Fehler enthalten sein, schicken Sie uns das Buch mit dem entsprechenden Hinweis an unseren Leserservice zurück. Wir tauschen Ihnen den GU-Ratgeber gegen einen anderen zum gleichen oder ähnlichen Thema um.

Liebe Leserin und lieber Leser,

wir freuen uns, dass Sie sich für ein GU-Buch entschieden haben. Mit Ihrem Kauf setzen Sie auf die Qualität, Kompetenz und Aktualität unserer Ratgeber. Dafür sagen wir Danke! Wir wollen als führender Ratgeberverlag noch besser werden. Daher ist uns Ihre Meinung wichtig. Bitte senden Sie uns Ihre Anregungen, Ihre Kritik oder Ihr Lob zu unseren Büchern. Haben Sie Fragen oder benötigen Sie weiteren Rat zum Thema? Wir freuen uns auf Ihre Nachricht!

Wir sind für Sie da!
Montag–Donnerstag: 8.00–18.00 Uhr;
Freitag: 8.00–16.00 Uhr
Tel.: 0180-5005054*   *(0,14 €/Min. aus
Fax: 0180-5012054*   dem dt. Festnetz/
E-Mail: Mobilfunkpreise maximal 0,42 €/Min.)
leserservice@graefe-und-unzer.de

P.S.: Wollen Sie noch mehr Aktuelles von GU wissen, dann abonnieren Sie doch unseren kostenlosen GU-Online-Newsletter und/oder unsere kostenlosen Kundenmagazine.

GRÄFE UND UNZER VERLAG
Leserservice
Postfach 86 03 13
81630 München